ドームの不思議

コンクリート造・組積造編

槇谷榮次

鹿島出版会

まえがき

この本を書き上げるきっかけは、早稲田大学を定年退職された今井兼次先生が、引き続き関東学院大学で教鞭をとられていた今から四〇年前に、製図室でばったりお会いしたことに始まる。そのとき、突然教え子の私に、シェルに関する歴史の書物がないので、本を書いたらどうかというお言葉をいただいた。当時、私がRCスラブやシェルの面構造に関して研究を行っていることを知って、アドバイスをしてくれたものと感謝の念をいだいたが、未だ若年で歴史の本を書くだけの素養もなく、心の奥に大事にしまっておいた。今から一〇年ほど前に、急に今井先生の言葉を思い出し、RCシェルに関する国内外の歴史書を収集しようとしたが、専門書は見当らなく、建築歴史書の中から、シェル構造を用いた建築物の収集を行った。

これらの情報から、古代のコンクリート造および組積造の重量ドームと近代の鉄筋コンクリート造薄肉シェルに分けて、その歩みをまとめる方向性を見出し、今回は前編として、古代のコンクリート造と組積造重量ドームを取り扱うことにした。現代のシェルも古代のドームの影響を少なからず受けたものが多く見受けられる。「古きを尋ねて新しきを知る」の諺を強く実感した次第である。

今も多数残っている古代のドーム建築の内、どのドームを取り上げるかに苦慮したが、規模の大きさ、形態、歴史的価値の高さ等の観点から二一の代表的ドームを選んだ。古代のドーム建築には、ドームに作用する水平推力（スラスト）に対する抵抗に、半ドームやバットトレスまた鉄製のタイ・リングを付設した工夫が随所に凝らされている。また、ドームの重量を軽減するために、二重殻にして中間層を空洞にする工夫もなされている。これらは、ドーム建築物の平面形や断面を見ないとわからないことである。

本書は、第一章で古代ドームを知るための予備知識を述べ、第二章では、古代ドームの本質を隅々まで知っていただくために、二一のドーム建築を取り上げ、年代順に各ドーム建築物の平面図、断面図を掲載し、内観および外観を写真およびスケッチで示した。第三章では、三大ドームを取り上げ、ドームに対して骨組システムとシェル理論を用いて解析し、ドームの安全性を検証しているが、一切数式は用いずに解析結果だけが示されている。使用したシェル理論は付録に掲載した。第四章では、ドーム建築をどのようにして改修して、現在まで保存してきたかについて述べ、まとめとしている。

本書は、建築学科の学生や建築実務者だけでなく、建築に興味をもつ一般の方にも読んでいただけるように平易にまた簡潔に述べ、かつ図や写真を多く取り入れて、見て楽しむように書き上げたつもりである。ただ、内容が若干建築技術に偏向した嫌いもあるが、その代わり単なる歴史書ではなく、中味のある書物になったと自負している。

本書の中に盛り込んだドームのスケッチは、関東学院大学建築学科学生、山田直希君に描いてもらい、同じく図面は卒業生、円谷茂、立柄寛君に作成して貰った。また、写真は、本学助教授の黒田泰介氏がイタリア留学中に撮られたもの、また、本学大学院講師の坂井正美氏が海外旅行中に撮影されたものを掲載させていただいた。その他にも、学生諸君はじめ多数の人々の協力を賜った。また本書の出版に際し、鹿島出版会出版事業部の相川幸二氏にご尽力いただいた。ここに謝意を表する次第である。

二〇〇七年初春

著者

目次

第四章 重量ドームの損壊と保存 101

サン・ロレンツォ聖堂

ドームの不思議

第一章

ドームへの誘い

ドーム序論

人類が石や日干し煉瓦を順次迫り出して積み上げて造った最初の持送りアーチは、尖頭形のアーチで、紀元前四〇〇〇年頃にメソポタミアのエンドウ(現イラクの南部)近くで発見された。このアーチは、凸状に立ち上がる持送り構造による筒形ヴォールトの形態に発展し、最初のものは紀元前三〇〇〇年頃に出現した。「筒形ヴォールト」は、半円を水平軸に沿って移動させることによって生成される。さらに半円が垂直軸の周りを回転すると、「ドーム」が生成する。半円形をもつドームは形態として完結しており、一世紀初頭から一九世紀にかけて、想像力を刺激された建築家によって大胆な実験の舞台が提供され、後世の建築家に多大な影響を与えることになる。

ドームは、初期のような閉じた半円球のままでは満足されなくなり、頂部に開口があけられることになる。ドームの中心に大きな眼を設けることは、太陽をドームの中に招き入れる天穹(ドーム状の天空)を表現し、開いた眼は宇宙との結合を確立すると考えられた。ドームにおいて、最初に大きな開口を設けた大規模ドーム建築にローマのパ

図一・二　ローマのパンテオン・ドーム

ンテオン（汎神殿）が挙げられる【図一・二】。パンテオンは良質なローマン・コンクリートと綿密な煉瓦工法によって建造され、その簡潔な単純性によって後代のドーム建築全体の出発点となった。パンテオン以来、ローマン・コンクリートの構成材料を入手できない地域では、煉瓦や切石の材料を用いた組構造ドームに変わっていった。その代表的な初期の煉瓦造ドームとして、六世紀イスタンブールに建造されたハギア・ソフィア大聖堂（アヤ・ソフィアとも呼ばれる。ハギアは「壁」、ソフィアは「叡知」を意味する）のビザンチン・ドーム【図一・三】、一一世紀イスファハン（現イラン）に造られたグンバッド・イ・カルカの金曜モスク*1のセルジューク・ドームが挙げられる。

ドームは、西洋では宗教建築において重要な発展を遂げたが、ローマン・コンクリートの材料が入手可能なイタリアの中でも、中世に入ると経済的な理由からコンクリート造から組積造へと移行していった。一五世紀フィレンツェに建造されたサンタ・マリア・デル・フィオーレ（フィレンツェ大聖堂、花の聖母）の八面形ドーム【図一・三】や、一六世紀ロー

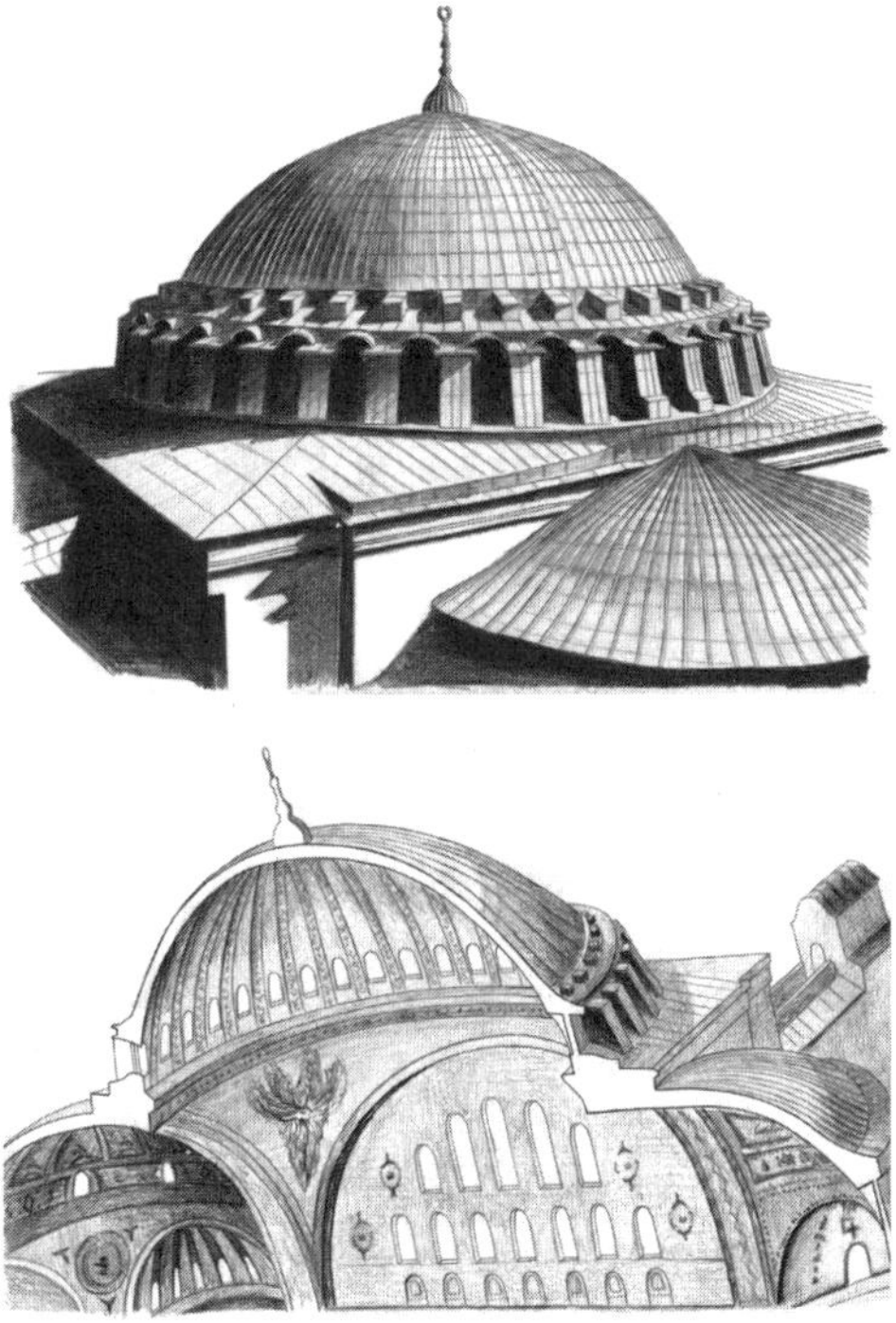

図一・二　ハギア・ソフィア・ドーム

*1　モスクはイスラム教の礼拝堂。イスラム教では金曜日に礼拝するので、一般的に礼拝堂をこのように呼ぶ

図一・三（右上）　サンタ・マリア・デル・フィオーレ・ドーム
図一・四（右下）　サン・ピエトロ・ドーム
図一・五（左上）　セント・ポール・ドーム
図一・六（左下）　アンヴァリード大聖堂

マに建立されたサン・ピエトロ大聖堂のドーム【図一・四】は、二重シェルにおいてリブ構造が採用されている。いずれもドームが高く持ち上げられて、ゴシック的な空間構成が見られる。その後、イタリア以外の地域に建造された組積造ドームは、一七世紀にロンドンのセント・ポール大聖堂【図一・五】およびパリのアンヴァリード大聖堂【図一・六】やサント・ジェヌヴィエーヴ聖堂（パリのパンテオン）において建立された。いずれも三重の薄いシェル構造[*2]によって構築され、新しい構法の試みがなされた。

　一九世紀に入ると、ドームは組積造からレニングラードのイサアク大聖堂のように、フランスの建築家モンフェランによって初めて鋳鉄による構法が採用された。また、ドームは宗教建築においてのみ生命を持ち続けたのではなく、大英博物館の閲覧室上に架けられ、公共建築にも出現するようになった。一八八九年に開催された万国博覧会のドームは、全面的に鉄構造で建てられるに至った。これより、組積造厚肉ドーム建築の時代は一九世紀に終わり、二〇世紀に入ると鉄筋コンクリート造薄肉シェル建築に移り変わるのである。

＊2　貝殻のように湾曲した面をなし、大きな空間を覆うことができる曲面構造

ドームの定義

円形の平面形の他、方形、正多角形、または楕円形の平面の上に造られた半円球状

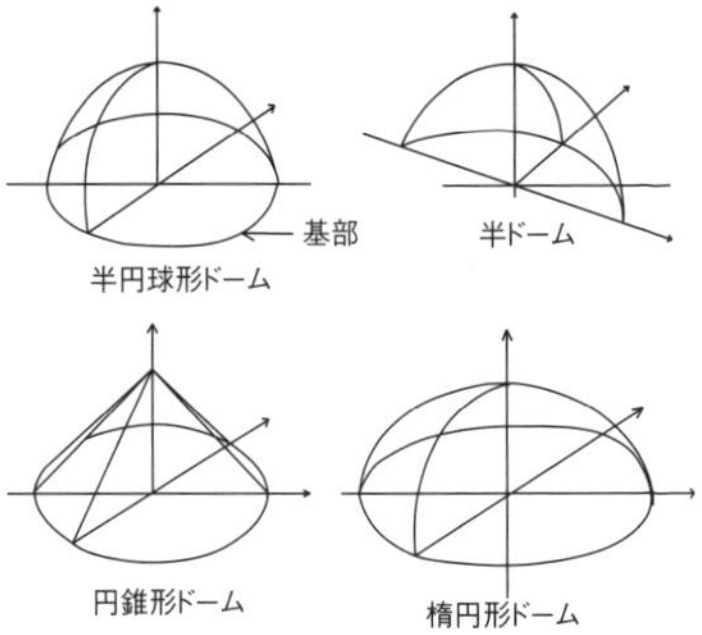

図一・七　ドームの形態例

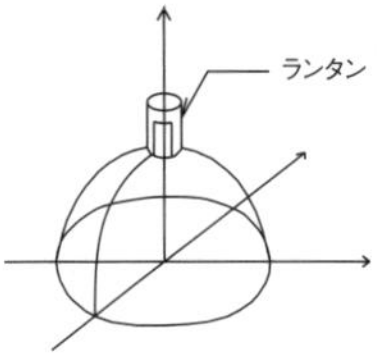

図一・八　ドーム頂部に設けられた開口部とランタン

屋根をドーム（円蓋）と呼び、半円球状に造られた天井はクポラ（円蓋天井）と呼ばれている。

ドームの形態は半円球形が基本であるが、円錐状、皿状（偏平とも呼ばれ、高さが半径より小さい球殻）、楕円状等も含めて、その形状に準じて呼称されている。また、ドームが半円球だけで形成されているとき、半ドームと呼ばれる【図一・七】。

ドームの頂部に明かり採りのために開口部をあけて天窓が設けられたり、また、多くの聖堂では開口の上部にランタン（円筒状の小塔）が設けられ、その壁面に設けられた窓から光を採り入れるとともに、聖堂を高く見せる役目も果たす【図一・八】。

ドームに作用する応力

ドームが鉛直方向において単位面積当りの荷重（自重）qを受けると、ドーム内では主要な応力として経線方向および緯度線方向にそれぞれN_ϕおよびN_θの面内軸方向力が作用する。ドームが垂直軸周りに円形アーチが回転して形成された構造物と考えると、N_ϕはアーチに作用する圧縮軸方向力に対応する。ところがドームは、アーチ応力以外に水平方向にリング応力[*3]が作用する。このリング応力は、ドームの上部では圧縮力、下部では引張力として働く【図一・九】。したがって、ドームではその基部において作用する全引張力Tに対して、コンクリートの引張強度が小さいためにコンクリートの引張抵抗には期待できないので、木製や鉄製の水平部材（タイ材）を接合させたり埋め込んだりして、引張補強が施される。

一方、ドームの基部に作用する全リング応力Tは、合成されて水平推力[*4]として働く【図一・九】。したがって、この水平推力はドームから下部構造に伝達される。ドームが偏平になると水平推力は増大するので、下部構造の水平抵抗を高めることが必要となる。

＊3　ドームにおいて円周方向に作用する力

＊4　ドームの基点位置（基部）において、円周に沿って水平方向に作用する外向きの力

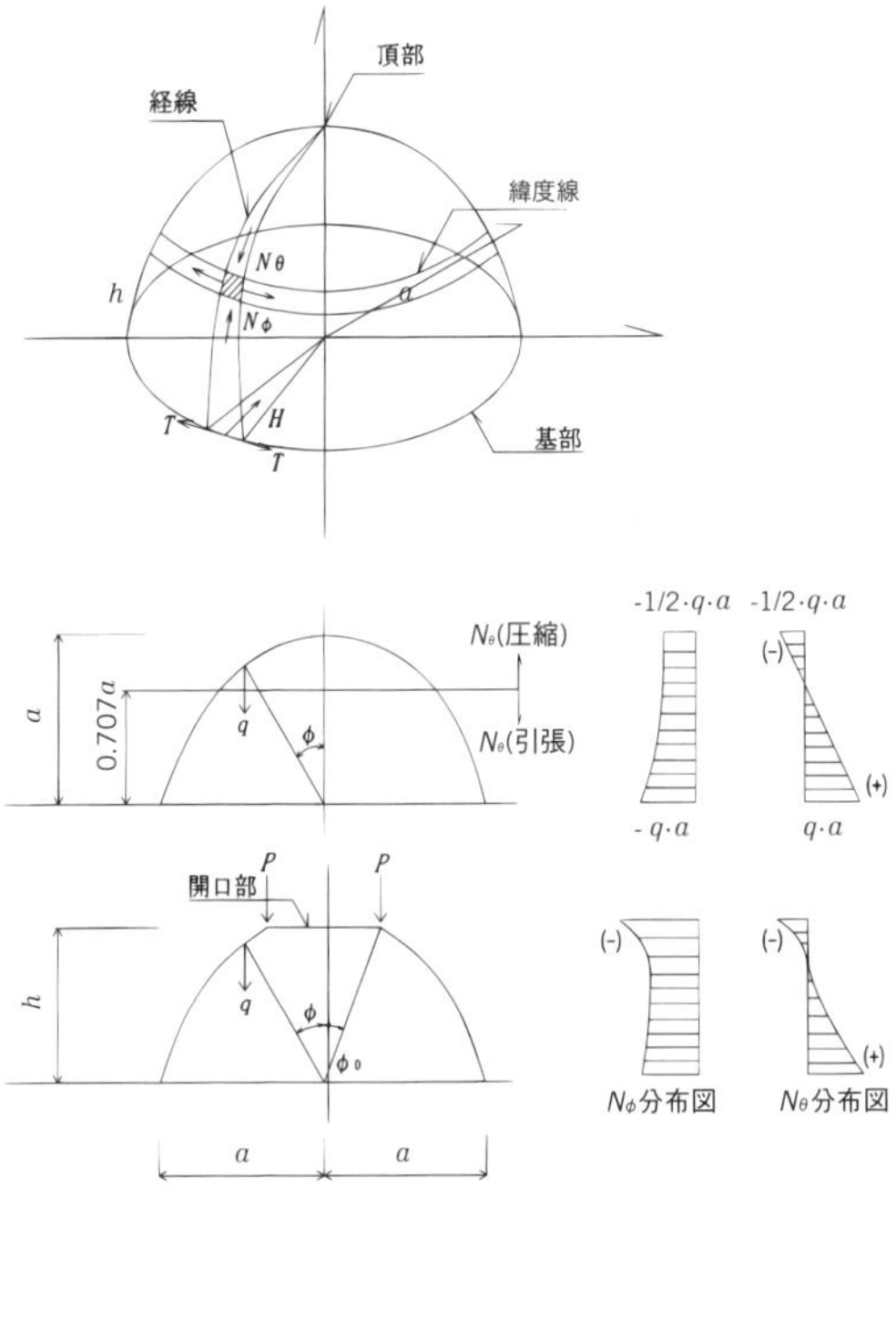

図一・九　ドームに作用する内面応力分布図

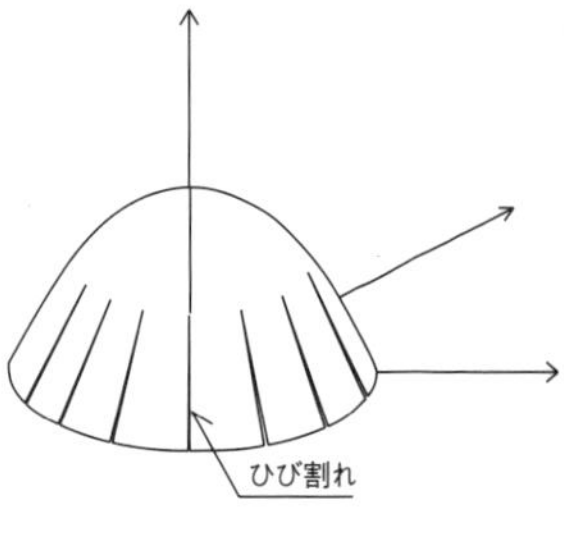

図一・一〇　ドーム下部に発生するひび割れ

＊5　ドームにおいて円周または放射線方向に作用する力

ドームの基部で補強が施されない場合、ドームの下部に作用する引張のリング応力がコンクリートまたは組積材の引張強度を超過すると、放射状方向にひび割れを発生する【図一・一〇】。このひび割れによって、ドーム下部はアーチ作用による一方向応力状態に変わり、大きな水平推力が生じる。したがって、ドームを支持する下部構造物は、その頂部で大きな水平力を受け、外向きに水平移動を生じる。

ドームの頂部において大きな開口部が設けられると、ドームに作用する面内応力＊5は開口部のないドームと同様な応力状態を形成するが、開口部周囲では円周方向の軸方向力（N_φ）が増大する傾向が見られる【図一・九】。

ドームと平面形

ドームが屋根として平面形の上に架せられるとき、その平面形は大別すると円形、方形および八面形の単一平面形と、方形平面のそれぞれの側面から円形、多角形または長方形の平面が突出して構成される複合平面形に分類される。

円形平面の上にドームが架せられる場合、円筒形の壁式構造からなるドラムの上に直接建造される【図一・一一a】。

八角形平面では、内接した円形上にドームが架せられるが、各辺には半円筒状の壁

図一・二一　ドームといろいろな平面形の例

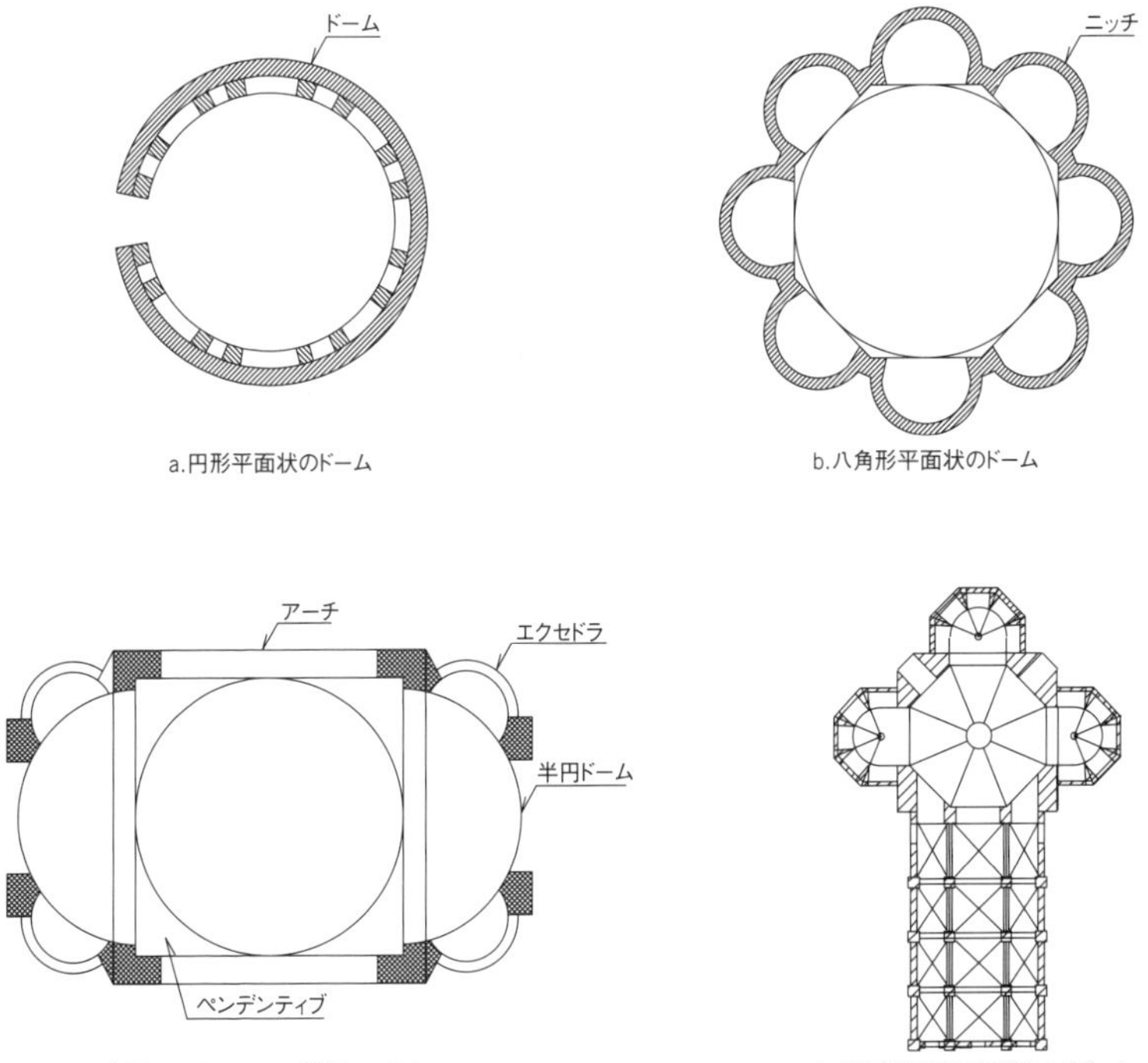

a.円形平面状のドーム

b.八角形平面状のドーム

c.方形平面上のドームと隣接した半ドーム

d. 十字形平面の交差部上のドーム

式構造（ニッチと呼ばれる）を配置し、これをドームに生じる水平推力に抵抗させる【図一・一b】。

方形平面形の上にドームを架すときは、四辺にアーチ構造を配置し辺に内接するようにドームが建造されるが、四隅では二辺とドーム基部の四分の一円弧からなる三角形曲面ペンデンティブが形成される。ドームに作用する水平推力に抵抗させるために、アーチに接するように半ドームを設けたり、補助的にニッチより大きな半円形状の壁面の入り込み、エクセドラを付設することもある【図一・一c】。

方形平面を四方に拡大した十字形平面形（四つの腕の長さが等しい十字形をギリシャ十字形、三本の短い腕と一本の長い腕をもつ十字形はラテン十字形と呼ばれる）の交差部の上にドームが架せられる。交差部に隣接した半円筒形状の構造および長軸からなるアーチ・ドーム構造が、ドームの基部から伝達される水平推力に抵抗する【図一・一d】。

下部構造の成り立ち

ドームの下部構造は、ドームを直接支持する直下の柱や壁などの支持要素とドームに作用する水平推力に対して、界壁や外壁の鉛直壁と半球ドームをもつ半円筒壁およびフライング・バットレス（控え壁と壁体の間に設けられる斜め水平材）*6などの水平抵抗要素から

＊6　ドームの外側に控え壁を設置して、水平推力に抵抗させる構造

成り立っている。これらの抵抗要素に関して以下に述べる。

支持要素

ドームの鉛直荷重を支持する柱や壁などは鉛直要素を構成し、軸方向力を基礎に伝達させる【図一・一二】。したがって、支持要素は、軸方向力に対する圧縮支持能力を保有していなければならない。

平面形が四辺形、六角形、八面形をなし、各辺がアーチによって構成され、その上にドームを内接するように架けると、各節点部ではドームの基部と二辺におけるアーチからなる三角形曲面は、アーチの荷重を面内応力として下部へ伝達する【図一・一三】。またドームを小アーチで構成された八角形構面で受け、これを大アーチからなる四辺形構面が支持するとき、隅角部とアーチ構面において対角の二辺にアーチを連続させて構成すると、半三角錘状の曲面が形成される。この構造はスクインチと呼ばれるが、ドームから伝達される荷重をアーチ作用によって下部構造に伝達する役割をもつ【図一・一三】。

（上）図一・一二　ドームを支持する柱
（中）図一・一三　ペンデンティブとスクインチ
（下）図一・一四　水平推力に対する抵抗要素

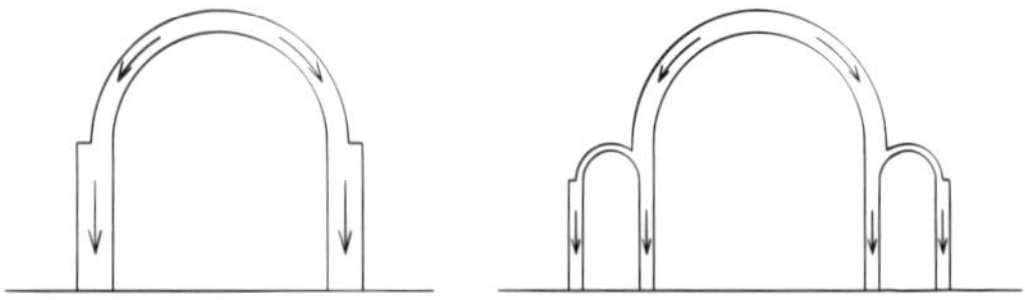

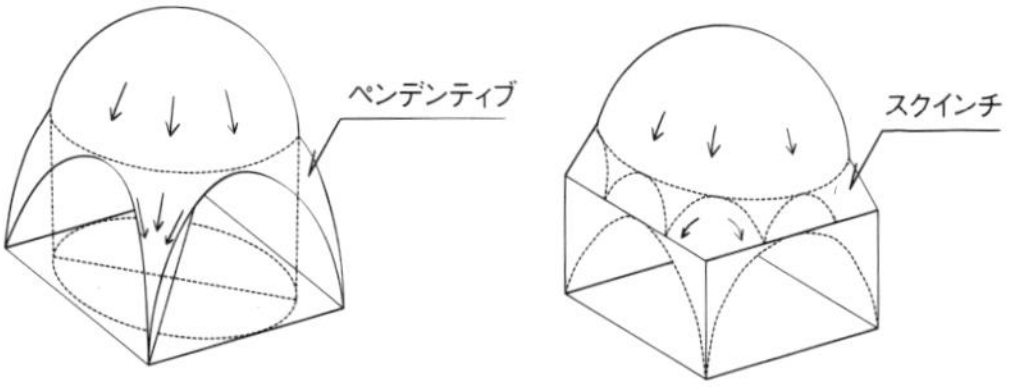

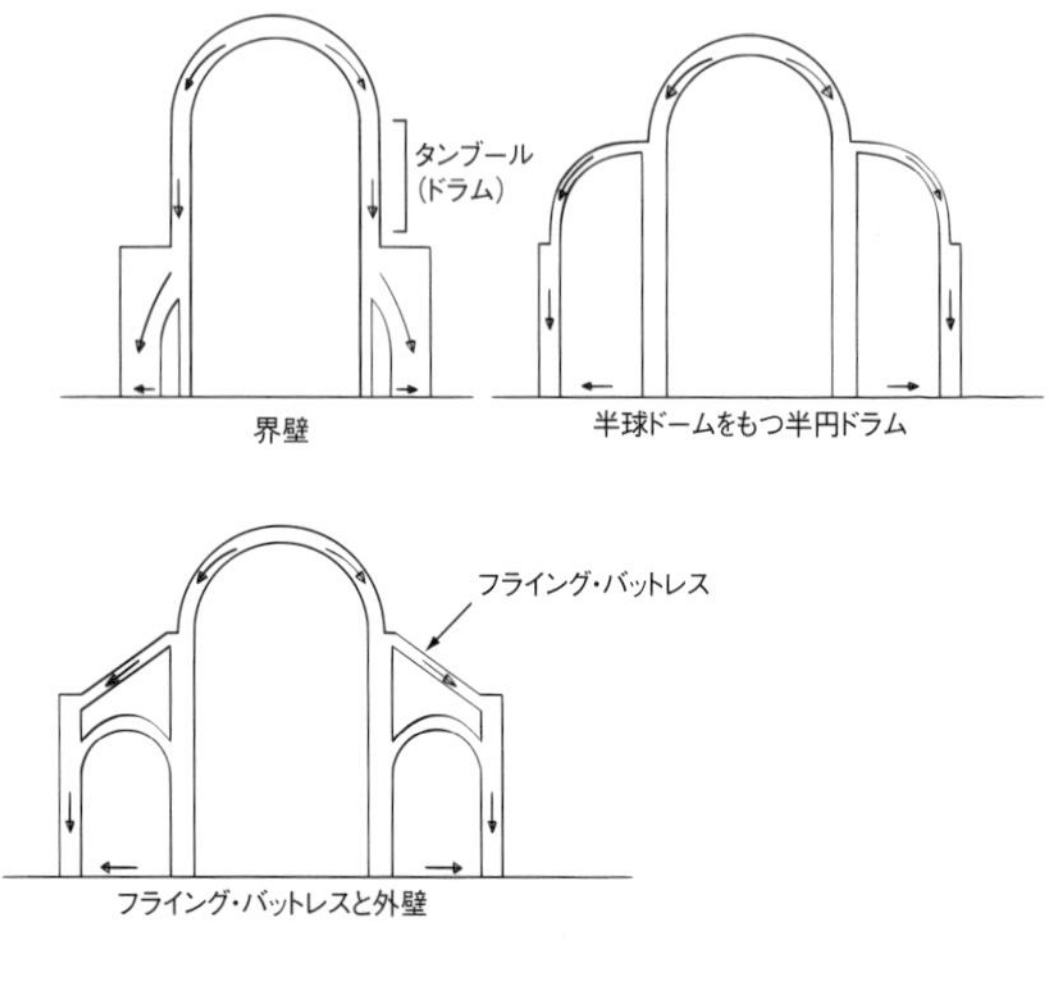

*7　壁を菱形に変形させようとする力に抵抗する構造性能

水平抵抗要素

ドームに作用する水平推力に対して、下部構造はそのせん断性能*7によって抵抗する。このせん断性能は柱にも依存するが、組積造は小さいので多数の柱が必要になる。大きな水平抵抗を有する要素は基本的には壁構造（バットレス）で、半ドームと一体となった半円筒形の壁から形成されるニッチやエクセドラも大きなせん断性能を有している【図一・一四】。また、ドーム基部と隣接した壁構造を斜め水平材によって接合する構造は、フライング・バットレスと呼ばれ、合理的な水平抵抗要素となる。

これまでの水平抵抗要素と異なった補強方法として、水平推力の基となるドーム内に生じる円周方向の引張力をドームの基部に設置された鉄製の鎖によって抵抗させる方法も大スパンドームで適用されている。

構造材料

ドームを建造するための材料の必要条件としては、ドームに作用する圧縮応力および引張応力の主要応力に抵抗できる強度と優れた耐久性を有していることが要求される。これらの特性をもつ材料は、岩石から切り出された石材および粘土を焼成して人工的につくり出した煉瓦の単一材料と石灰セメント、砂および水を練り混ぜることによってできるコンクリートの複合材料が挙げられる。

また、ドームの下部の周辺方向に作用する引張応力に抵抗させるために、ドームの基部に鉄製の鎖を配置する補強方法も採用された。

以下にこれらの構造材料について述べる。

石材

構造材料としてブロック状に切り出される岩石には、マグマが火山活動によって地表に噴出して硬化してできた火成岩がある。この岩石は非常に硬く、割れ目や裂け目がないので、切り出してブロック状に成形するのが難しく加工に労力を要する。火成岩の中で代表的なものは花崗岩で、耐久性が優れているので好んで用いられた。

この他に主要な岩石として堆積岩がある。この岩石は、火成岩が崩壊または分解されて再び陸上で硬化したもので、砂岩と石灰岩に分類される。沈殿物として層状に成形されたことから、層に沿って割れやすくブロック状の加工が容易になる。

火成岩と堆積岩が熱や圧力を受けて化学変化を生じてできた岩石が変成岩で、その代表的なものが大理石である。この岩石は、構造材料というより仕上げ材として使用されている。

岩石の物理的性質としては火成岩の圧縮強度が最も高く、堆積岩の圧縮強度は火成岩に比べると著しく小さいが、重量ドームの構造材料としては十分な強度である。また、岩石の引張強度は、圧縮強度の一〇分の一程度で小さいが、ドームを厚く建造すれば強度上は十分に堪え得るものと考えられる。

煉瓦

紀元前三〇〇〇年頃につくられた良質な日干し煉瓦は強度および耐久性に乏しく、その後日干し煉瓦を一、〇〇〇℃の高温で焼成してつくる技法がローマ時代に確立した。この焼成煉瓦の圧縮強度は、養生温度によって著しく変化するが、石材と比べると極めて低く、引張強度に至っては無視されるほど小さかった。

ドームに焼成煉瓦を使用するとき、ドームの設計は煉瓦の圧縮強度によってそのスパン[*8]や厚さが決められる。例えば圧縮強度が不足すれば、厚さを増加させる方法として、二重または三重ドームにする手法が採られた。

煉瓦によって組積造ドームを形成するとき、煉瓦の間に設置される石灰モルタル目地を傾斜させることで簡単に曲面をつくれる。また、圧縮強度を向上させたいときは、目地幅を増加させる方法が適用された。

コンクリート

・石灰モルタル

本格的な建築物が出現する以前では、石の塊を積み上げるとき、その隙間に泥とか屑石を詰めて壁や屋根を建造する方法が採られた。その後、この詰め物（結合材）に代わっ

*8　相対してドームを支持する柱や壁の間の距離

写真一・二　ポッツォラーナ

て、石灰と砂に水を混合した新しい複合材料が発見されたことによって、コンクリートの最初の前進が見られた。この混合物は、当時石灰と砂を混合するために使用した容器「モルタリウム」から、モルタルという言葉が生まれた。

この石灰モルタルは、ギリシャ人が占拠していた南イタリアからローマに伝えられ、紀元前三世紀の前半までにローマ人が建築物を造るための主要な材料として完成させた。

・ポッツォラーナ

ローマの共和制時代の工匠たちは、石灰モルタルを使用して建築物を建造していたが、火山活動によって形成されたイタリア西部の広大な地域の表土から産出された「ポッツォラーナ」という砂を使用すると、通常の川砂や海砂よりはるかに強いモルタルができることを発見した【写真一・二】。このポッツォラーナは、実は砂ではなく火山岩系の堆積物で、特に化学成分として多量のシリカ(二酸化珪素、珪土)が含まれているために、普通の砂と比べて水和反応がより完全になる長所をもっていた。これより、ポッツォラーナを使用した石灰モルタルは、密度が高く大きな圧縮強度が得られ、引張強度も従来のものに比べて著しく向上した。

この石灰モルタルをドーム構造に適用することによって、従来の伝統ある材料と比べると、強度が高いために石灰の量も少なく済むとともにより低減することが可能となり、比較にならないほど安価に造れる利点があった。

・石灰コンクリート

ローマの工匠たちが使用したコンクリートは、砂、砂利による骨材とセメントを混合して練り混ぜてつくられる現代のコンクリートとは異なり、石塊、煉瓦、砂利などの量塊（カエメンタ）の中に石灰モルタルを充填するだけでなく、石灰モルタルだけの単独でも使用される二面性をもつ建築材料（通常ローマン・コンクリートと呼ばれるが、ここでは石灰コンクリートと呼ぶ）であった。この骨材に使用される材料は、手に入るものなら何でも用いられたが、軽量化のために壺やパイプ状の空洞をもつ専用の骨材および軽い石材（トラバーチンや凝灰岩）が用いられることもあった。

この石灰コンクリートが最初に使用された頃は、伝統的な組積造において内面や背面に詰め込まれる量塊として併用されたが、紀元前二世紀までにローマの工匠たちはコンクリート工事に熟練し、ドームを建造する技術を確立していた。後期ローマにおいて、煉瓦と石灰モルタルの量を半々くらいの割合で建造された組積造も古代コンクリートの一種である。

中世のコンクリートとして、ローマ以外ではブリア（フランス）の南の地域において、一〇世紀にローマン・コンクリートの製造法が伝わり、コンクリートが構造物に使用されたが、石灰の質も調合も悪く、またコンクリートも均質でなく、品質の高いローマン・コンクリートとは比べようもないくらい劣悪であった。

施工法

組積造

切石や煉瓦によって建造された支持壁の上に円形ドームを架けるとき、切石や煉瓦を円周状に並べその間を目地モルタルで充填すると水平リングが形成される。この水平リングは圧縮応力を受け、積み上げても自立する能力をもっている【**図一・一五**】。したがって、センターリング(仮設の支持材)は必ずしも使用しなくても済むが、未完成の水平リングや完成したリング間の目地モルタルの硬化以前に、圧縮による大きな変形が生じないようにするために用いられた。サン・ピエトロ大聖堂のドームを建造する際に使用されたセンターリングの例を**図一・一六**に示す。

煉瓦造ドームを施工する際、水平リングの有効長さを減少させることによってセンターリングを減らす工夫が施された。その手法としては、ドームの支持壁の周辺上において小さな扇状の形を魚のうろこ状に積み重ねたり、また煉瓦をあじろ(網代)形に積み上げ、その中にスパイラル状にこば立て*9煉瓦の水平リングを一定間隔で中断するように配置する施工法が用いられた。例えば、イスタンブールのアハメディイエ

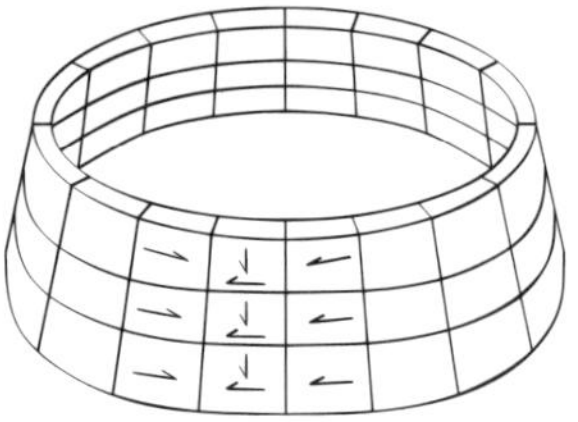
図一・一五　組積造ドームの施工中に作用する圧縮力と摩擦力

*9　煉瓦の最小な面を下にして立て並べること

（ブルーモスク）のドームがそうである。

一一世紀初頭に建造された世界遺産モン・サン・ミッシェル修道院付属協会（フランス）建設に使用された建設機械の荷揚げ用人動滑車と建材運搬用ローラーが**写真一・二**および**写真一・三**に示されているように、当時そのままの姿で聖堂内に保存されている。

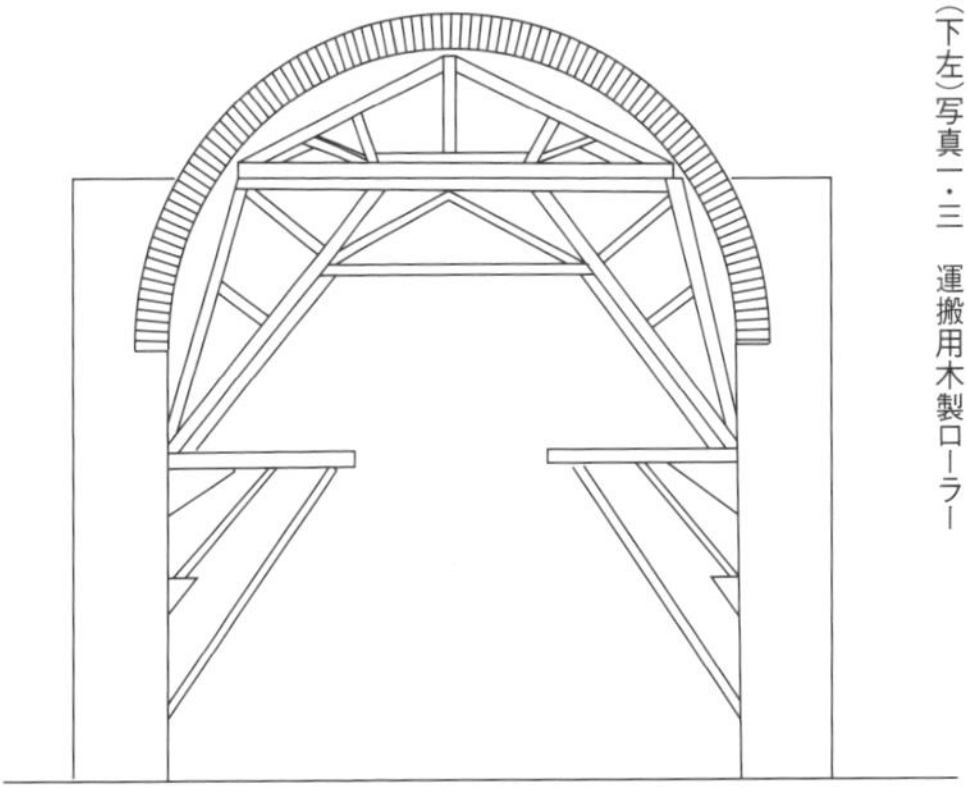

（上）図一・一六 組積造ドームのセンターリング
（下右）写真一・二 人間モルモット木製揚重機
（下左）写真一・三 運搬用木製ローラー

コンクリート造

コンクリート造ドームを建設するとき、通常は型枠とセンターリングの仮設を行った後に、石塊、砂利、煉瓦屑や土器瓶などの量塊を型枠上に積み込み、粗骨材の間に石灰モルタルを詰めて硬化させ、層状につくり、所定の厚さのコンクリートに仕上げる施工法が多く用いられた。

他の施工法として、煉瓦を用いて一層の水平リングを形成し、これを永久型枠としてその上に通常行われるコンクリート施工法を用いて建設された。この場合、センターリングは、通常のコンクリート施工法に比べて減少させることができた。

第二章

コンクリート造・組積造ドームの歩み

ドームの起源

最初のドームは、紀元前五〇〇〇年紀にメソポタミアの北方や南方に見られた円形住宅の屋根に由来する。このドームは、石造の円筒壁の上部に粘土煉瓦による持送りドームとして建造された。その後、サルデーニャ島、シチリア島、バレアレス諸島、ギリシャ、レオルコメノスノ、南イタリア、東スペインの西地中海地域に現れ、今日でもアプリア人（イタリア南東部）の持送りドームの住宅に生きている【写真二・二】。

最後は、紀元前四〇〇〇年紀から二〇〇〇年紀にかけて、サルデーニャ島において円形プランを覆う円錐状ドームとして、ヌラゲ建築（塔状の石造建築物）の中に取り入れられた。このヌラゲ建築の一つである「ヌラゲ・ブリタス」は、図二・一に示すようにその中心の部屋は組積造の円錐状空間をなし、三つのニッチが出てそこに長いドロモスが貫入した形で構成されている。ローマ建築における空間構成は、この原始的な円形複合体から発展してできたといわれている【文献二】。

写真二・一　アプリアのアルベロベルロの持送りドーム外観（右上）と内観（右下）【写真＝大平信隆】

図二・一　サルデーニャ島ヌラゲ・ブリタスの断面図（左上）と平面図（左中）【文献 二】

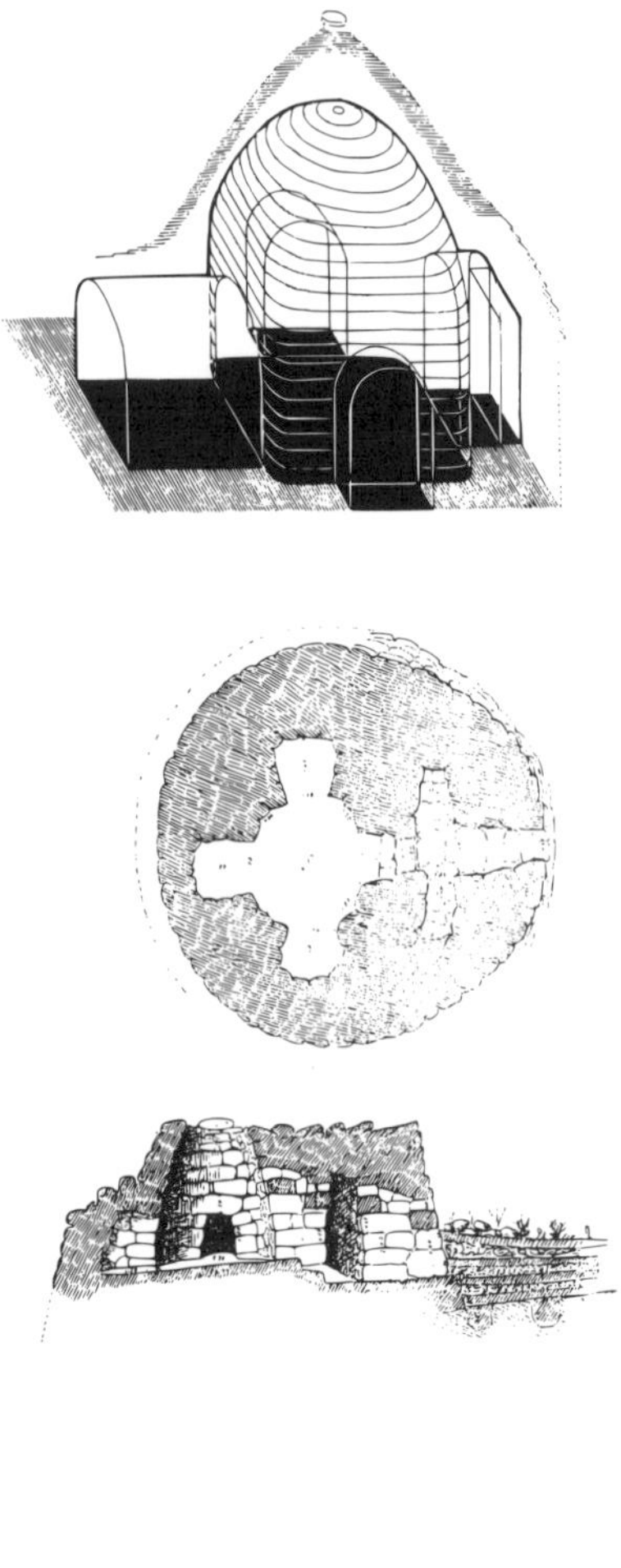

円形建築物に適用された粘土煉瓦造ドームは、そのスパンが二〜三メートルと小さい空間しか覆えなかったが、強度および耐久性に優れた石造にすると、さらに大規模な組積造ドームを建造することが可能となる。紀元前一四〇〇年に、ギリシャにおいて開花したミケーネ文明の代表作の「アトレウスの宝庫(別名アガメムノンの墓)」が大規模なトロス(穹窿墓)建築として現存する。ここで適用された石造ドームは、**図二・二**に示すように底部の直径が一四・五メートル、高さ一三・五メートルの円錐状の形態をもち、切石を水平に積んで造られた持送りドームを構成している。当時、この石造ドームは、

図二・二　アトレウスの宝庫の断面図および平面図**【文献 一、四】**(上)、三角形の荷受け式の開口のある入口(中)、持送りドーム内部(下)

ヨーロッパ南部や西部において住宅や小規模な円形建築物の屋根に広く使用されていた。石造の持送りドームは、個々に石材のブロックを内側に持ち出すことのできる量が限定されるために、立体的にはかなり鋭くとがった円錐状の形態を採らざるを得なかったと考えられる。

この持送りドームと並んで、石材や煉瓦をくさび状にし、放射状に配置した迫石ドームもウル（現在のイラク南西部に位置し、ユーフラテス川沿岸で繁栄したバビロニアの都市国家シュメールの石都）において、紀元前三〇〇〇年紀初期に建設された「王室墓地」に使用されているのが発掘者C・L・ウーリーによって発見された。その後、二五〇〇年以上もの間、組積造ドームを架した建築物の発展は見られなかった。

ローマン・コンクリート造重量ドーム

コンクリート・ドームの出現

メソポタミア地方の小舎で熟成した組積造ドームは、エジプト、ギリシャを介して、ギリシャ人が占拠していた南イタリアに伝わり、ローマを中心とした地域において古典的なコンクリートによる重量ドームとして発展した。ローマと中部イタリアでは、紀元前三世紀の前半までに天然セメント（ポッツォラーナ、プテオリの塵とも呼ばれる）、石灰、砂および水を混合して良質なモルタルをつくる技術が確立していた。持送りまたは迫石造による組積造ドームを建造するためには、煉瓦や石材をくさび状に加工し、また、その大きさもドームの高さにより変化するため、その作業と施工は困難を極めるものである。

したがって、ドームをコンクリートで造ると、型枠やセンターリングが必要になるが、組積造ドームと比べると、大空間を覆うことが可能となるとともに工事期間が極めて短縮され、工事費も安価になる。これらの理由から、イタリアにおけるドームの建築工法としては、ゴート人によって破壊される中世まで、組積造に代わってコンクリート造が採用された。並はずれた大スパンから構成されたローマの大建築物は、コンクリートの発見がなければ不可能であったと思われる。

ローマン・コンクリートの発見

これまで慣例的に使用されていた石灰モルタルは、石灰岩を焼成して生石灰とし、これに砂と水を混合してつくられ、その水和反応*1（水との化学反応）によって一種の人工石灰岩を形成していた。ところが、火山活動によって生まれたボルセーナ湖から南方にかけてのイタリア西部の広大な地域における表土「ポッツォラーナ」は、偶然に共和政時代のラテムウムとカンパーニアの工匠たちによって他の砂よりはるかに強いモルタルをつくり出すことが発見された。この物質はザラザラしていて、主成分は四〇～六〇％の珪酸塩と一五～二〇％の石灰から構成されている。

生石灰にこのポッツォラーナを混合すると、天然のポゾラン・セメントがつくられる。現在日本で生産されている珪酸塩を多量に含有した白土類を混ぜたシリカセメントと同じく、フライアッシュを混ぜたフライアッシュ・セメントの人工混合セメントと同類である。ポゾランの語源は、産出地のポッツォリ（Pozzuoli）に由来とするといわれている。このセメントは、ポゾランが石灰と反応して、主としてC-S-H系化合物（$3CaO \cdot 2SiO_2 \cdot 3H_2O$）をつくって硬化するが、次のような特徴がある。

*1 珪酸と石灰の水和反応をいう

一　水和熱が低いので、マスコンクリートに適している。
二　初期強度は低いが、長期強度は優れている。
三　収縮が少ないので、乾燥収縮が起こりにくい。
四　セメントが水和して生じる化合物が微細な空隙を充填するので、透水性が低下する。
五　ポゾランがボールベアリングのような作用をするので、ワーカビリティがよい。

ポッツォラーナに関して、プリーニウス（二三～七九）は「ポッツォリの丘にある、これまでは塵と呼ばれていた、最も劣った土壌が海の波に抗し、水中ではともに石塊となって波浪に耐え、時とともにますます強固になる」と報じている。これはポゾラン・セメントの特徴を裏付けているといえる。

当時のコンクリートはポッツォラーナ、石灰、砂と水を混合してモルタルをつくり、石材、石塊、煉瓦屑、砂利、または粗骨材用につくられた壺などの量塊の隙間に充填してつくられた。また、硬練りのモルタルに小石、砂利、煉瓦屑、土器・瓶、陶片などを詰め込み、コンクリートを硬化させるカエメンテと呼ばれる手練りコンクリートによる工法も使用されていた。ここで用いられたモルタルは、常に躯体の三分の二以上を占めていたといわれている。このポッツォラーナを用いてつくられたコンクリートは、ローマン・コンクリートと呼ばれている。このコンクリートは、疑いなく現在のコンクリートの圧縮強度に匹敵していたといわれている。

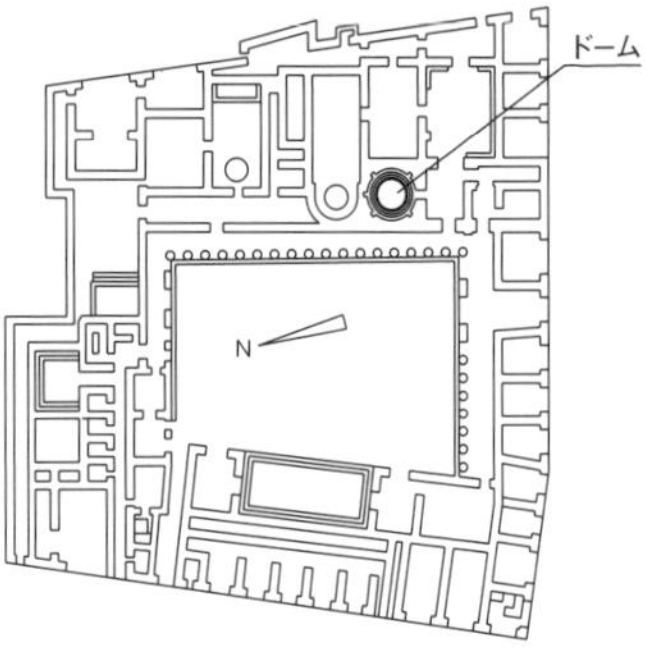

図二・三　スタビアエの共同浴場平面図におけるドームの位置**【文献六】**

（次頁）写真二・二　マーキュリーの神殿**【文献 二】**

ローマン・コンクリート造ドームの歩み

ローマン・コンクリートを用いて建造された現存する最古のドームは、ポッツォラーナの産出地に近いポンペイにおいて紀元前二〇〇年と紀元前七〇年にそれぞれ建設されたスタビアエおよびフォルムの共同浴場（テルマエと呼ばれる）の建造物の屋根に見られる。当時の共同浴場は、ローマ人が技術的、空間的、社会的な諸要求を充たすことを目的として建造された国家的なモニュメントで、内部を光で充たすためにドームは頂部に円形の開口部をもつ円錐状の形を単純な木造センターリングと型枠を用いて造られている。**図二・三**に、スタビアエの共同浴場の平面図を示す。ドームのスパンは六メートルで、小規模な初期のコンクリート建造物であるが、当時の共同浴場を知るうえで貴重な文化遺産である。

その約一〇〇年後には、ポッツォリの近傍に位置するバーイアエにマーキュリー（またはメルクリウスとも呼ばれる）の神殿が建造され、そのプールの上に設けられたスパン二一・五五メートルをもつコンクリート造ドームの形は、円錐形から半球形に変わったためにスパンも前者より大きくなった。**写真二・二**に示すように、上部には円形の開口部をもち、ドームの中間の位置に四つの窓があけられている。

コンクリート造ドームは、型枠上に大きな割石（トゥフ）をほぼ放射状に配置し、割石の間にポッツォラーナによるモルタルを充填して造られている。骨材に用いた「トウ

フ」は、温泉などに沈殿した炭酸石灰からなる多孔質の石灰石でローマ市の付近で多く産出し、切り出した直後は軟らかで加工しやすく、時間の経過とともに硬さを増す特性を有しているので、古代ローマの建築材料として広く用いられた。

ローマン・コンクリートを用いて建造されたスタビアエやフォルムの共同浴場およびマーキュリーの神殿に架けられた初期のドームでは、工匠たちも材料や工法に対して十分な信頼をもてなかったと推察されるが、アウグストウス（紀元前六三～後一四）の時代までには、ローマン・コンクリートは石材や木材に代わる安くて強い建築材料としてすでに認知され、工匠たちも新材料を完全に使いこなす技術をもっていたといってよい。

このローマン・コンクリートを使用して新しい可能性を意識して建造された最初の主要なモニュメントとして、一〇四年に着工し、一〇九年に完成したドームス・アウレアすなわちネロの黄金宮が挙げられる。この建築物は、紀元六四年のローマの大火の後に、ローマの中心地に建造した贅沢なヴィラで、**図二・四**に平面図とドーム断面パースを示す。また**写真二・三**に八面形ホールとドームの内部を写真によって示す。

ドームの下部は、相対する辺の距離が一三・六メートル（四六ローマ尺、一尺は〇・二九六メートル）の八面形から始まり、上部に向って球形に近似され、頂部には直径が九メートル（三〇ローマ尺）の大きさな円形の開口部が設けられている。八面形平面の各コーナーには、ドームを支持するバットレス状の壁があり、周囲に配置された小部屋の壁やヴォールトと

（上）図二・四　ドームス・アウレアにおける八角形広場の断面パースと平面図【文献六】
（下）写真二・三　ドームス・アウレアのドーム【撮影＝黒田泰介】【文献二】

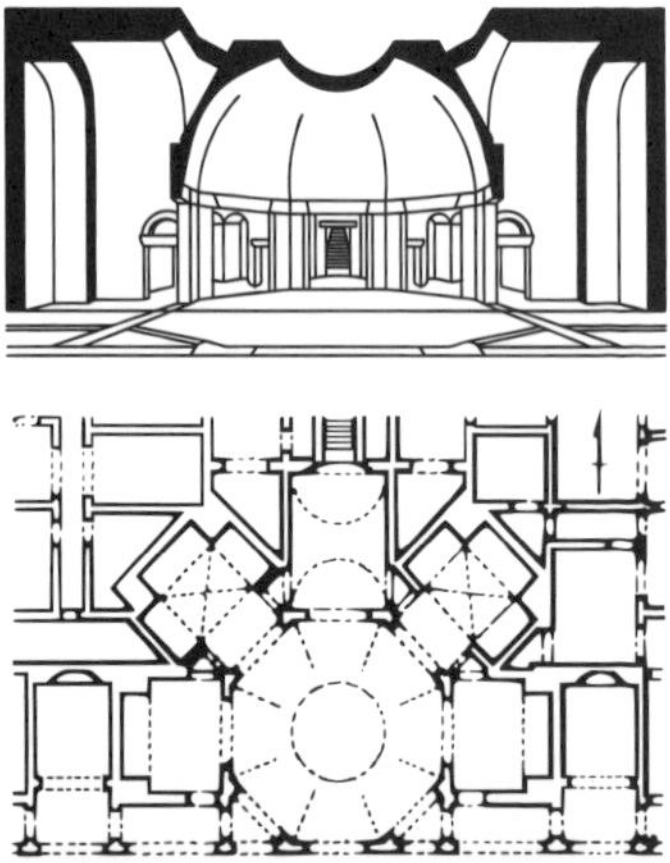

直結し、ドームに生じる水平推力に対して構造的に対応させていることが認められる。また、ドームの断面も開口部周囲とドーム脚部をドームの中間部より厚くして、ドームの内部に作用する応力に対して配慮している様子も伺うことができる。

ドームを支える壁体は煉瓦による組積造のように見えるが、内外面を煉瓦によって被覆し、内部には小石や陶片等の量塊を入れ、それらの間を火山灰モルタル（ポゾラン・モルタル）で充填する割石造（オプス・カエメンティティウム）によって建設されている。したがって、当時の壁体は煉瓦による捨て仮枠とコンクリート核から構成されている。

ローマン・コンクリートが発見され、四世紀の間に先に述べた代表的なコンクリート・ドーム建築以外にも、いくつかの小規模なドームが建造された。これらの経験

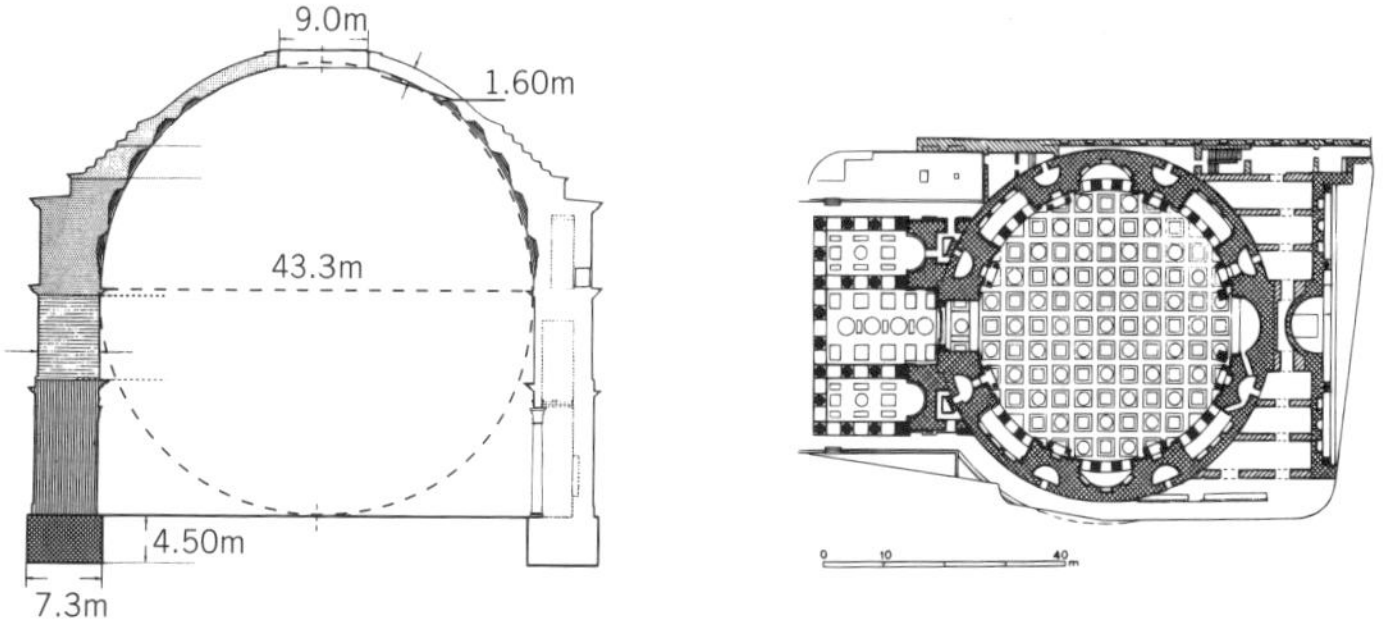

図二・五　パンテオンのドーム

を経て、すべての神々に捧げ、ローマ帝国のすべての力を包括し、宇宙的な広大さのシンボルとして半球状のドームと円筒形を結合させたパンテオンがハドリアヌス帝によって建立された。この円形建物の横断面は、**図二・五**、**写真二・四**に示されているようにドームと床面とに内接する直径四三・三メートルの円によって構成されている。

このドームは、その頂部に直径約九メートル、厚さ一・六メートルの開口部が設けられ、下部は厚くして内部に作用する面内の引張応力と面外の曲げ応力に抵抗するように力学的な配慮がなされている。また、ドームは水平方向に三分割されて、基部から一一・七五メートルまでの最下段では小さな煉瓦片が密に詰められ（密度16 kN/m^3）、これより二・二五メートル高い中段ではトウフと煉瓦片による組積造から構成され（密度15 kN/m^3）、これより七・七五メートルの最上段ではトウフと火山の噴火物が使用されている（密度13.0 kN/m^3）。このようにドームの重量は、基部から頂部にかけて軽量化する工法が採られている。

ドームを支持している円筒状の厚い壁体は、高さが二一・六五メートル、厚さが六メートルによって構成され、七個所にニッチが設けられている。

建物に作用する全荷重を地盤に伝える基礎は、壁体の直下にリング状に配置され、幅七・三メートル、高さ四・五メートルのフーチング基礎より構成されている。使用されたコンクリートには、トラバーチン（温泉などに沈殿する石灰華の一種）の破片が混ぜ合わされている。

写真二・四　パンテオンのドーム

二世紀初頭に、ローマン・コンクリートによって建造された内径四三・三メートルのスパンをもつパンテオンのドームは、鉄筋コンクリートによるシェル構造が出現する二〇世紀初頭までの一八世紀の間、これを凌ぐものはなかった。

二重曲面をもつローマン・コンクリート造ドームは、ローマ帝国において、二世紀以来共同浴場、庭園および宮殿などの建築物の上に架せられていたが、四世紀には、ローマのサンタ・コスタンツァ聖堂【図二・六、写真二・五】やミラノのサン・ロレンツォ聖堂【図二・七、写真二・六】等の宗教建築にまで広がって建造された。その後、ドームは六世紀にはラヴェンナ（北イタリア）のサン・ヴィターレ聖堂、九世紀には、アーヘン（ドイツ）のカール大帝の宮廷礼拝堂の宗教建築において建造された。

五〜六世紀に建造されたコンクリート・ドームは、軽量化を図るために壺を打ち込んだり、テラコッタ製のパイプをスパイラル（螺旋）状に積み上げる手法が用いられた。これより、紀元後建造されたローマン・コンクリート・ドームは、ローマを起源として七世紀にわたって北方地域へと広がっていったことがわかる。パンテオン以後のドームのスパンは、一四・五〜二一・五メートルと小規模であるが、これは北方へ行くほどローマで使用していたポッツォラーナのような良質なポゾラン材が入手できなくなり、粗悪なコンクリート材料を使用していたことが第一に挙げられる。

当時のコンクリート・ドームの基部に作用する円周方向の最大引張応力度は1 N/mm^2 以下で、コンクリートの長期許容引張応力度より十分小さな範囲に含まれ

(右上)図二・六　サンタ・コスタンツァ聖堂の平面図と断面図【文献三】
(右下)写真二・五　サンタ・コスタンツァ聖堂【撮影＝黒田泰介】【文献三】
(左上)図二・七　サン・ロレンツォ聖堂の平面図と断面図【文献一、三】
(左下)写真二・六　サン・ロレンツォ聖堂【撮影＝黒田泰介】【文献一、二】

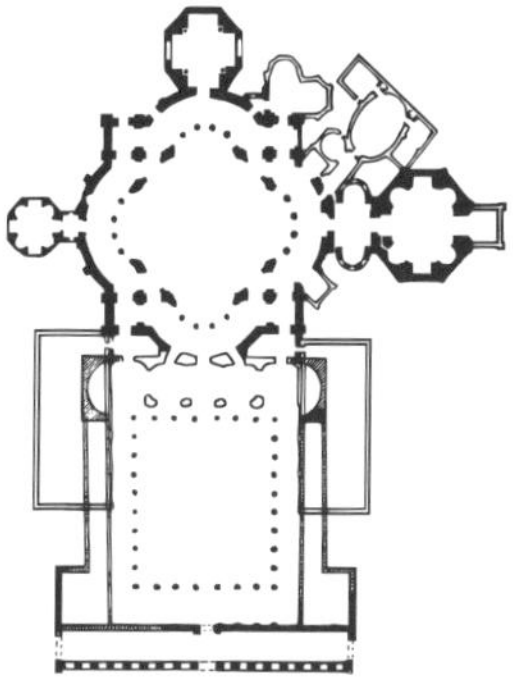
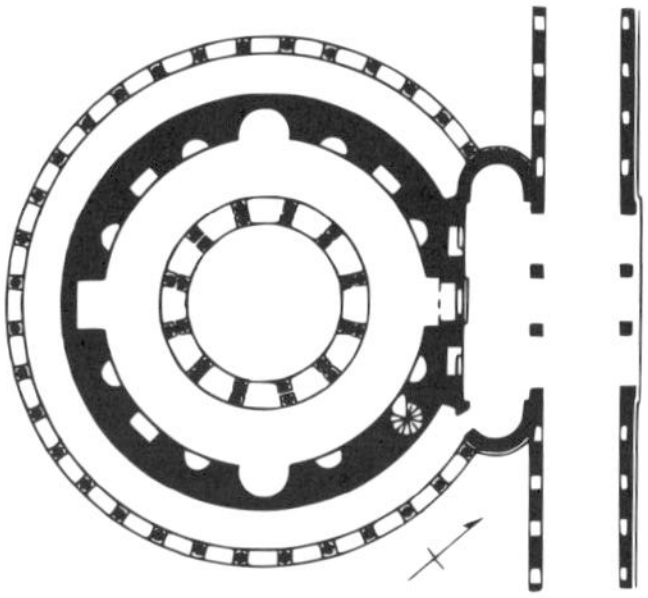

るが、実際には放射状にひび割れが発生したために、ドームは二重曲率をもつシェル構造ではなくなり、結果としてアーチの集合体を形成することになる。したがって、ドームの厚さを大きくする必要があったことが裏付けられる。また、ドームの厚さを大きくしても、荷重の増加によってドームの基部に作用する周辺方向の引張応力度も増加するために、作用応力度を低減することにならず、水平推力に対する抵抗要素を設けない限り、ひび割れの発生を抑止することは困難であったと推察される。

その他には、コンクリート・ドームの施工では、壺などを用いて軽量化を図っても、大掛りな型枠とセンターリングは必要不可欠であった。コンクリート・ドームは、九世紀頃まで教会建築に用いられてきたが、以上述べた理由から用いられることが少なくなり、その後は耐候性および堂々たる外観をもたせることに有利な組積造ドームに移行していったのである。

組積造ドーム、特に煉瓦ドームの規模が拡大する過程において、いくつかの技術的革新が見られる。それは、第一にドームの建造方法が、必要な厚さに煉瓦を積み重ねて造っていくソリッドな重量ドームから、中間に空胴部分をもつ軽量二重ドームの採用であった。通常、この二重ドームでは、内殻(内側のドーム)が外殻(外側のドーム)より厚く造られ、最上層の部分には円形開口部による圧縮リングを内包しているので、仮設支持材がなくても工事が可能となった。また二重ドームを用いることによって、風雨にさらされる外殻と内殻を分離していることで耐候性が向上し、また空胴部を有することで自重を軽減させることができた。さらにドームの外殻を大きくしたり、また高くすることによって重厚な外観が得られる利点があった。

組積造ドーム

組積造ドーム構造の発展

組積造ドームは、煉瓦や切石を小さな扇状の形にして、これを基部周辺上に数多く配置して水平リングを形成し、さらにその上部に扇状の煉瓦や切石を魚のうろこのように積み重ねていく施工方法によって建造された。この際、ドームを構成する各水平リングは、目地が硬化した状態では作用する周辺方向圧縮力によって自立することが可能となる。また、仮設支持材を用いることなく、リングが落下しないようにするために、平らな煉瓦積みの過程において一定間隔で帯状にこば立て煉瓦積みを設ける施工方法が適用された組積造ドームの例も見られる。ドームを厚くするときは、最下段の煉瓦層を外殻支持構造として、上部に積み上げることによって必要な厚さが得られる。この場合、上部を一層または二層の組積造で構成するとき、それぞれ二重ドームまたは三重ドームと呼ばれ、中世以降のドームに使用された。

第二には、初期の組積造ドームに多く見られた放射状のひび割れを防ぐために、ドーム起点と組積造の壁体の間を木造のリングによって接合する工法が採用された。なお、この木造の接合リングは、ドームを支持する壁体に作用する水平推力を減少させることを目的としても用いられたと考えられる。

第三には、正方形の平面を円形ドームによって覆うとき、**図一・一三**に示すようにドームを支持する四辺はアーチ構造を構成し、コーナー部分に形成される三角部分はドームを下方に延長したペンデンティブ構造による構工法が用いられた。ここでは、組積造ドームに作用する荷重は、アーチとペンデンティブから構成された構造に圧縮力として伝達される。また、円形ドームを多角形平面に構成された平面アーチと平面形のコーナー部において、対辺に連続的な小アーチを構成したスクインチによって支持し、これを下部の四辺に構成された大アーチが支持する構工法も用いられた。

この構造では、組積造ドームの荷重は、アーチとスクインチを介して四辺を構成する下部の平面アーチに伝達される。ドームが偏平になると水平推力が大きくなるので、支持アーチに半円アーチを付設して水平推力に抵抗させる手法が採られている。このペンデンティブとスクインチは、イスラム建築に好んで用いられている。

組積造ドームの歩み

ドーム構造の起源は、前述したように紀元前五〇〇〇年に始まり、小規模な形で住宅、ヴィラ、神殿、離宮等に広く用いられてきたが、三世紀においてローマ皇帝のガレリウス帝およびディオクレティアヌス帝を祭るために、それぞれテッサロニカ（サロニカ）およびスプリトで集中形式の墓廟に本格的な組積造ドームの先駆となる煉瓦造ドームおよび切石積みドームが建造された。これらの墓廟は、後になってそれぞれ教会や大聖堂に拡張されている。

三三〇年に、ローマ帝国のコンスタンティヌス大帝が首都を北イタリアからコンスタンティーポリス（現在のイスタンブール）に開設した時点で、建築活動の実験の中心地がローマから東方へ移っていった。建築技術も西方から東方に着実に伝播し、地方（西小アジアとエーゲ海北部）の工匠たちは、西方型の組積造ドームを建造するだけの技術力を保有していた。ローマ帝政期の建築的伝統の最後を飾る偉大なモニュメントとして、コンスタンティーポリスにおいて、東ローマの皇帝ユスティニアヌス大帝が五三七年にハギア・ソフィア大聖堂を建立した【図二・八、写真二・七】。

大聖堂の主要部は図に示すように幅約七〇メートル、長さ約七五メートルの長方

図二・八　ハギア・ソフィア大聖堂の平面図、a–b断面図、c–d断面図の半分、ドーム架構法
【文献一、三】

(次頁)写真二・七　ハギア・ソフィア大聖堂

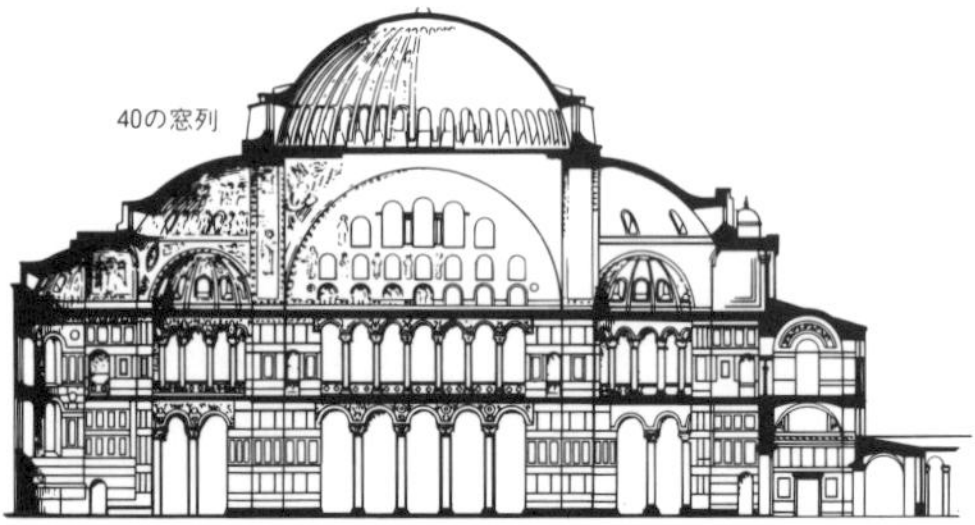

a-b断面図

c-d断面図の半分

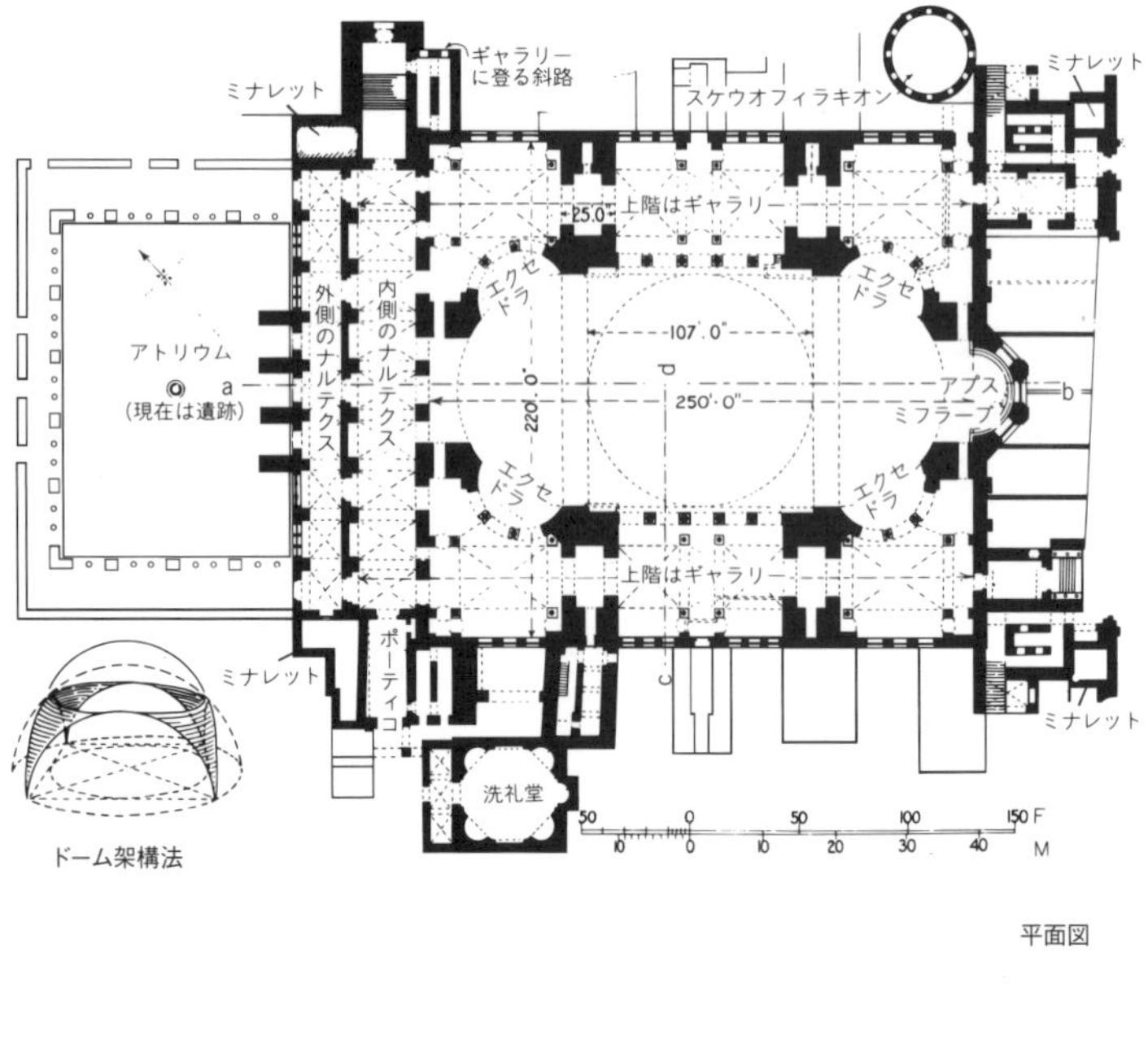

ドーム架構法

平面図

形からなり、その中央部に直径が三一・二メートル（一〇〇ビサンチン・フィート。実際は東西方向三二・七メートル、南北方向三二・二メートルで真円ではない）の主ドームが建造された。このドームは、四本の主柱（ピア）の上部から発する半円形の大アーチ間に構成されたペンデンティブによって支持されている。柱の下部は切石によって積まれ、柱の上部とドームは煉瓦積みによって建造されているが、目地部分の厚さが煉瓦と同じ厚さで造られていることが注目される。このドームは、完成後五五八年に地震を受けて崩壊し、五六三年に献堂されたがその後五六七年にも崩落する経験を経て、再建の際に煉瓦の目地部の厚さを大きくすることによってドームを強化したものと推測される。

ハギア・ソフィア大聖堂建立のほぼ同時期（五四九年）に、イタリアのラヴェンナでサン・ヴィターレ聖堂が献堂された【図二・九、写真二・八】。ここでは、八本の柱の間に設けられたエクセドラから構成された八角形平面上に直径一七メートルのドームが、西ローマで当時盛んに使用されていた中空円筒煉瓦によって建造された。ドームは極めて軽量なため、水平推力も小さく、また八角形平面上に架けられたので、円形ドームへの変換も容易に行うことが可能となった。本聖堂は、北方領域における集中式建築*2で、これまでにこれほどの堂内の生命性を凌ぐものは見られない。

サン・ヴィターレ聖堂を原型として、ドイツのアーヘンで八〇五年にカール大帝の宮廷礼拝堂として八角形平面上に直径一四メートルの石造ドームが建造された【図二・一〇、写真二・九】。中央空間に八角形平面をもつことは両者とも変わらないが、周廊はサ

＊2　内部空間を集中的にまとめ上げた建築

ン・ヴィターレ聖堂が八角形に対して、宮廷礼拝堂はより複雑な一六角形へと発展している。いずれもドーム自体は、小規模な適用例に含まれる。

その後、西ローマ帝国では組積造ドーム形式は用いられなくなり、それに代わり木造によるバジリカ形式が発展した。これは、西側全域にわたって［キリスト］教会の財政力に適った木造の屋根小屋組システムが選ばれたためと考えられる。

モスク建築におけるドーム

六世紀以降には、東ローマ帝国においてドーム構造が教会建築に用いられて発展

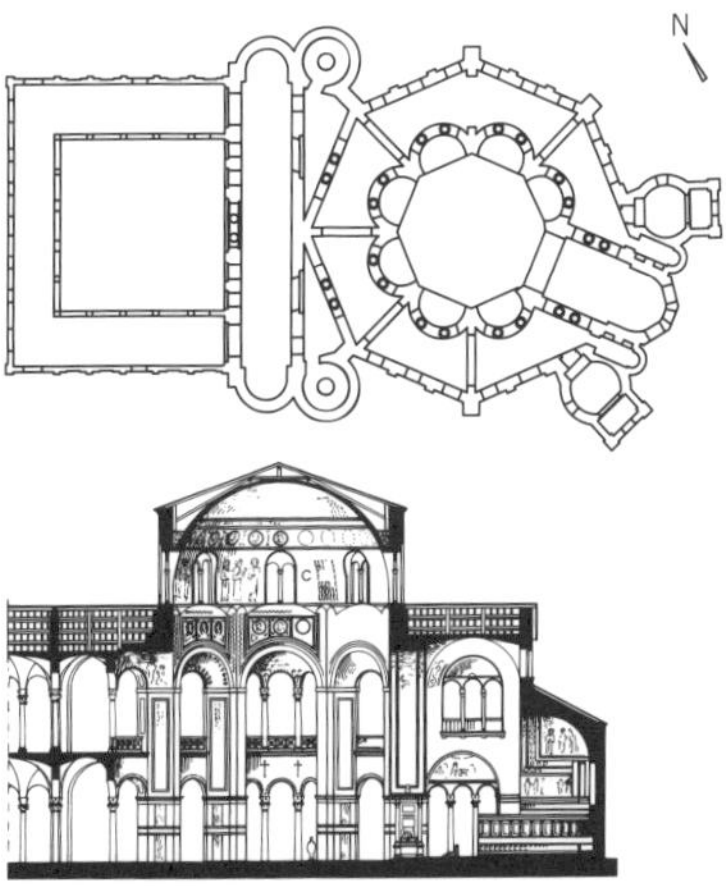

図二・九　サン・ヴィターレ聖堂の平面図と断面図【文献三】

写真二・八　サン・ヴィターレ聖堂

図二・一〇　カール大帝の宮廷礼拝堂の平面図と断面図【文献八】
写真二・九　カール大帝の宮廷礼拝堂【文献八】

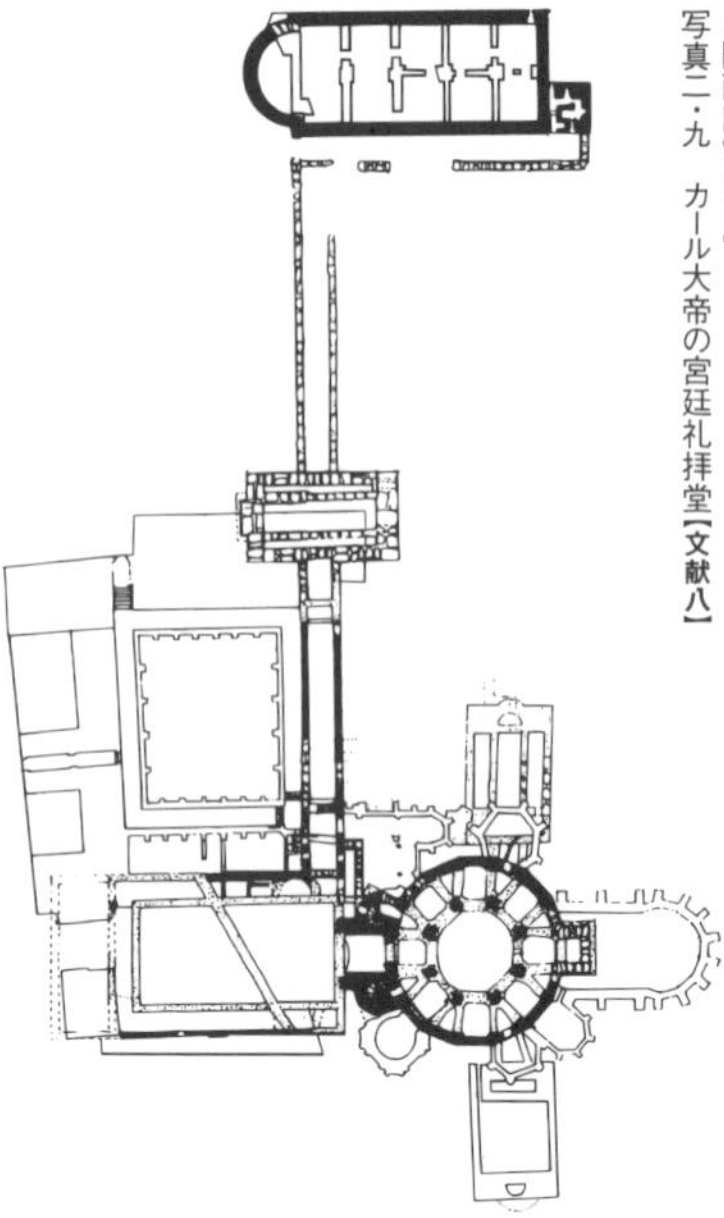

したが、八世紀に入るとイスラム圏においてモスク建築が発展し、その礼拝所の上に組積造ドームが多数建造された。イランの広大なオアシス都市のイスファハンでは、一六六六年までに歴代の王たちによって一六二もののモスク建築が建立され、多数のドームが用いられた。その内の一例として、イスファハンに建造されたセルジューク朝の大モスクの南側において一〇七五年に直径一五メートルの煉瓦造ドーム、および一〇八九年には北側に直径一〇・五メートルの煉瓦造ドームが、八つのスクインチの変換システムによって正方形平面上に建造された【図二・一一、写真二・一〇】。

通常、煉瓦造ドームを施工するとき、ドームを水平に分割したリングごとに、また厚さが必要な場合は厚さ方向に煉瓦を積み重ねるが、センターリングは一番内側のシェルのみを支持するだけでよい。本モスクの北側ドームでは、リングの有効長さを減少させるために、煉瓦をあじろ状に積み上げ、その中でスパイラル状のこば立て煉瓦のリブがリングを一定間隔で中断する手法が採用されている。

ハギア・ソフィアの構造システムに大きな影響を受けたアハメッドI世のアハメディイエのモスクが一六〇九年から一六一七年にかけて隣接して建立され、内部の装飾によってブルーモスクと呼ばれている【図二・一二、写真二・一一】。このモスクの礼拝室の中に、直径五メートルの巨大な四本の柱の上に、直径二三・五メートルのドームが架けられた。ドームを支持する四つの構面には、バットレスとして作用する半ドームが設けられている。さらにこれらの半ドームの周囲には、エクセドラを形成する小さな半

図二・二一　イスファハンの大モスクにおけるドーム【文献二】

写真二・二〇　イスファハンの大モスクにおけるドーム【文献八】

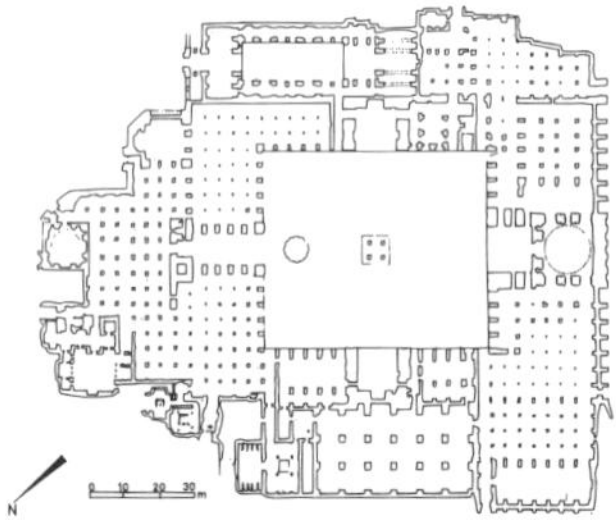

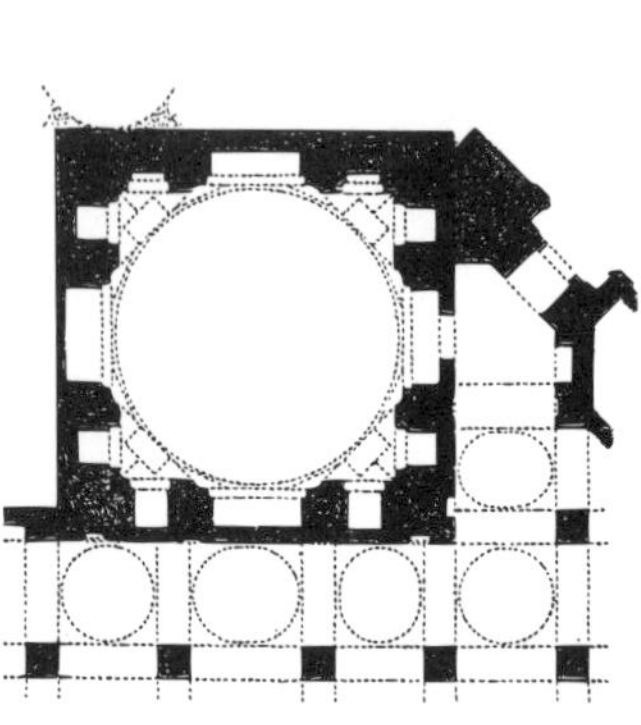

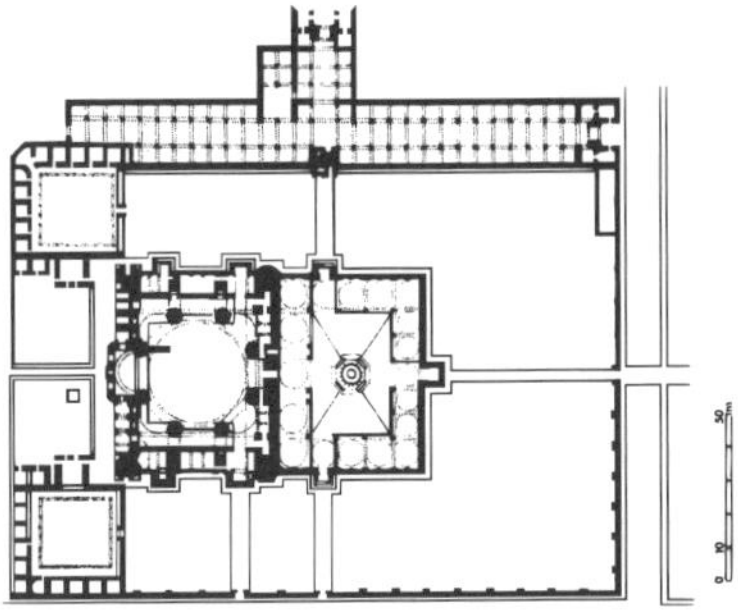

図二・一二　アハメディイエのモスクにおけるドームの平面図【文献一二】

写真二・一一　アハメディイエのモスクにおけるドーム【文献八】

ドームが付設されている。ここで採用された構造システムでは、ハギア・ソフィアの上部レベルの構造に生じた変形を抑止するために、煉瓦積みの代わりにより変形の小さな石積みを広範囲において用いるとともに、鉄材によるタイロッドも多く使用する手法が注目される。

西洋の中世におけるドーム

ビザンチン建築における教会堂の中央部に組積造ドームが永久的に使用されたが、その後の西ローマ帝国では、一五世紀に至るまで建築物において組積造ドームはあまり用いられなかった。北イタリア各地に建立された洗礼堂に用いられた中世のドームは、ビザンチン建築のドームを真似たものが大半で、実際には多角形平面上において多角形の壁や、多角形の頂点に設けられた太い積柱によって支持されたドーム形式のヴォールトであった。

中世の組積造ドームは、石積みまたは煉瓦造による一層から形成された重量ドームであったために、内径が三〇メートル以下の小規模なものしか建造できなかった。しかし、一五世紀に入ると、石材より重量が小さな煉瓦を用いて、内殻と外殻からなる二重ドームを形成することによって厚さを大きくし、中間層を空洞化することによって重量軽減を図り、三〇メートル以上の大スパンを構成するドームの建造技術が考案

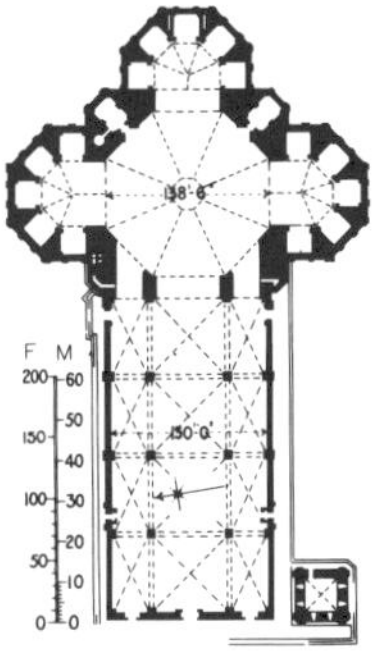

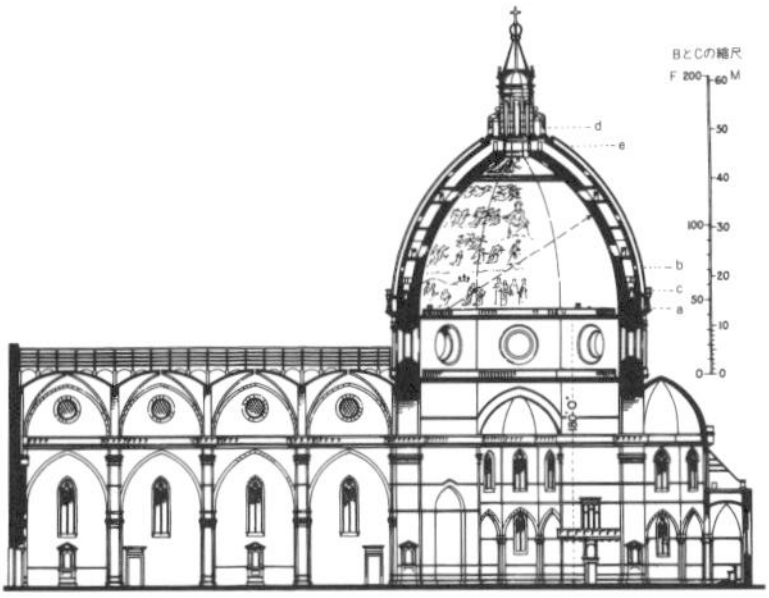

図二・一三　サンタ・マリア・デル・フィオーレ大聖堂の平面図、断面図【文献三】

写真二・一二　サンタ・マリア・デル・フィオーレ大聖堂【撮影＝黒田泰介】

された。

　この二重ドームを代表する傑作な例として、一四三六年にフィレンツェに献堂されたサンタ・マリア・デル・フィオーレ大聖堂が挙げられる【図二・一三、写真二・一二】。一二九六年に起工され、一四二〇年以降にフィリッポ・ブルネルレスキがドームを担当し、一四三六年に建造された。ドームは八角形のドラム（ドームを支持する構造物）上に架けられ、重量を軽くするために内殻と外殻をもつ二重ドームとし、八本の大リブと一六本の小リブによって接合されている。ドームのスパンは四三メートル、高さは一二〇メートルあり、その基部は木材六〇本を帯鉄とボルトで結合したリングによって締め付け、

水平方向推力に抵抗させるための工夫が施されている。

ドームの基部から三・五メートルまでは、鉄のクランプ（結合金物）で結合した石灰岩が積み上げられているが、それより上部のリブ間の内殻および外殻は煉瓦によって建造され、内・外殻の間は五本の石材をクランプで緊結した層が挿入されている。二重ドームの採用によって耐候性が向上するとともに、外観にも壮大さが加わったといわれている。ドームの建造にあたっては、可能な限りセンターリングの仮設支持台を使用しないで工事が取り行われたことも画期的なことであった。

サンタ・マリア・デル・フィオーレ大聖堂における二重ドームに引き続き、サン・ピエトロ大聖堂でも二重ドームがミケランジェロによって設計されたが、ドラムの建造中に没した。その後、エンジニアのジャコモ・デルラ・ポルタとドメニコ・フォンタナが、ミケランジェロの残した縮尺五分の一の木製の模型に基づいて原型よりドームの外殻の高さを六メートルほど高くして一五八七年に起工し、八〇〇人の職人が突貫工事で働き二二カ月後の一五八九年に完成した【図二・一四、写真二・一三】。ドームは、六メートル高くしたために半楕円球形に見えるが、内殻、外殻ともに円弧の一部から構成されている。

ドームの内径は四二メートルで、内殻の高さは起点から二九メートルあり、ドームの頂部までの高さは一一九メートルである。ドームのスパンおよび高さはサンタ・マリア・デル・フィオーレ大聖堂のドームとほとんど同じであるが、内殻の厚さは半分

*3　ドームの円周方向に配置される部材

図二・一四　サン・ピエトロ大聖堂の平面図、立面・断面図【文献三】

写真二・一三　サン・ピエトロ大聖堂

近くまで減少させている。また、外殻を補強するための水平アーチリブ*3は用いられず、放射状に設けられるリブの数も二四本から一六本に減らしている。

ドームに作用する水平推力に抵抗するように二本の鉄鎖が埋め込まれたが、放射状のひび割れが発生したために、一七四三年から一年かけてさらに五本のリングによって補強された。

バロック建築におけるドーム

一七世紀から一八世紀にかけて、小教会堂の上に二〇メートル前後のスパンをもつ中規模のドームが架けられたが、それはドームの発展の歴史において最高潮に達し、個性的な建築家によって設計された秀作が建造された。その代表例を選んで以下に述べる。

サン・ピエトロ大聖堂のドームを模範としてロンゲーナによって設計され、一六三一〜八二年にかけてヴェネチアに献堂されたサンタ・マリア・デッラ・サルーテ聖堂の上にドームが建造された【図二・一五、写真二・一四】。このドームは、対辺間の距離が約二〇メートルの八角形平面において、八本のコリント式円柱によって構成された高いドラム上に二重殻によって架けられ、さらに木造の小屋組をもち鉛板で葺かれている。ドラムは一六個のスクロール（巻軸模様）が付設された巨大なバットレスによって支

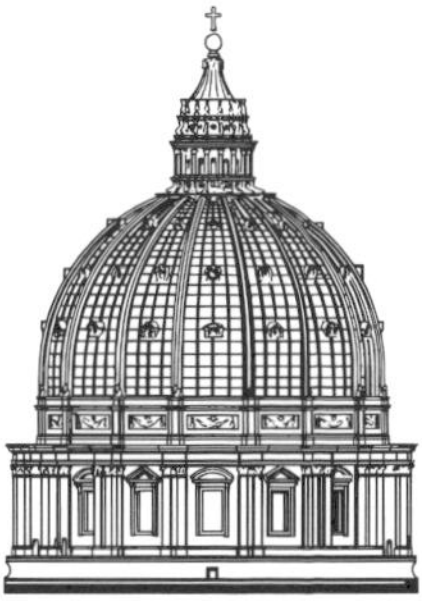

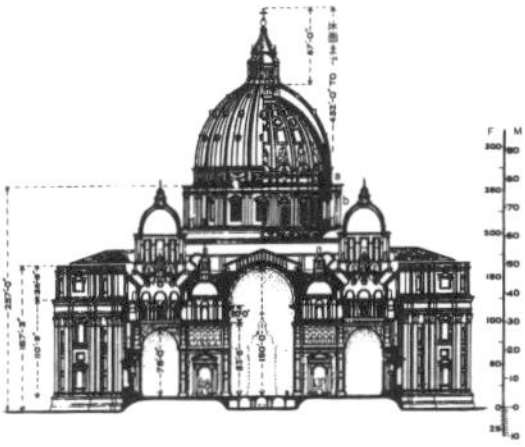

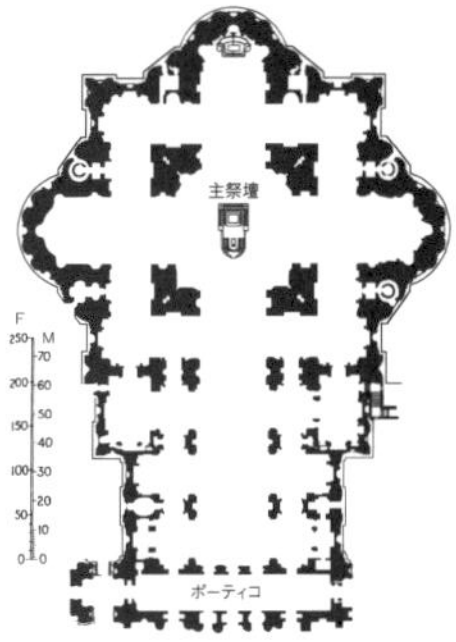
主祭壇
ポーティコ
F
M

図二・二五　サンタ・マリア・デッラ・サルーテ聖堂の不等角投影(アクソノメトリーノ、ドローイング)、平面図【文献三】

写真二・二四　サンタ・マリア・デッラ・サルーテ聖堂のメイン・ドーム、サブ・ドーム

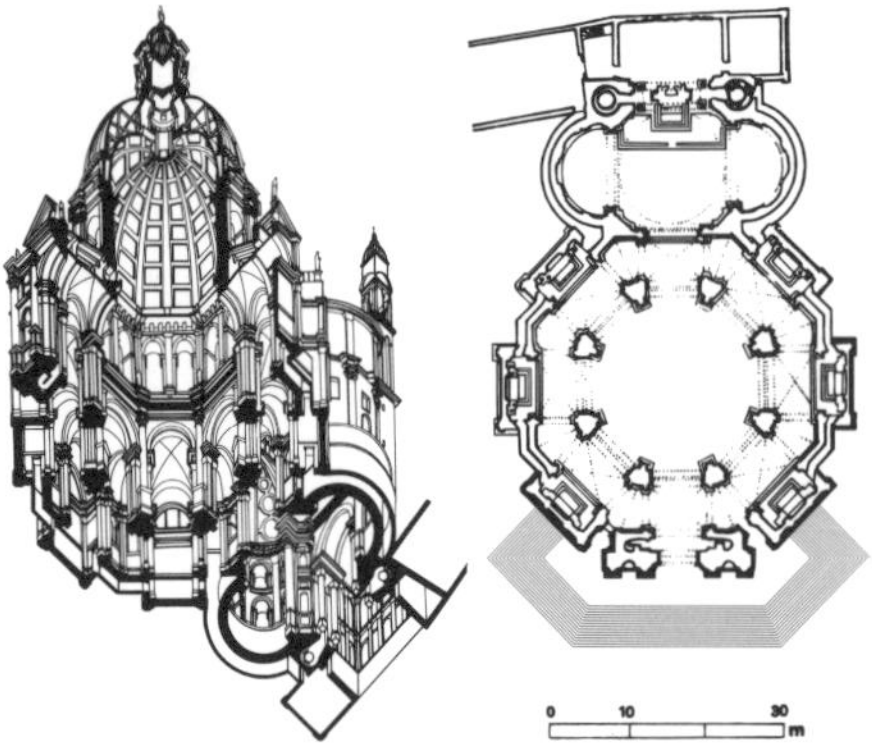

持されており、この教会堂を著しく引き立てている。

ルイ一四世によって建立されたパリのオテル・デザンヴァリッド（廃兵院）の南端に接続させて、一六八〇年、ミケランジェロがサン・ピエトロ大聖堂で発展させた計画案に基づいてマンサールによって設計され、一七三五年に完成したデザンヴァリッド礼拝堂の上に内径二一メートルの三重殻のドームが建造された【図二・一六、写真二・一五】。ギリシャ十字形の四隅には二次的ドームが配され、中央部に大小二層のドラムを重ねてその上にドームが架けられている。

ドームの外郭は、木造骨組に鉛板を張って建造され、一部メッキも施されている。また、内部にある八本の独立大円柱において対角線方向にバットレスが配置され、ドームの水平推力に対応する適切な構造的配慮が見受けられる。このドームは、フランスに建造されたドームの中でも、最も優れた建築の一つと見做されている。

イタリア・バロック建築の教会堂に建造された単一殻から構成された煉瓦造ドームの画期的作品二件を述べる。

ローマのサン・カルロ・アッレ・クァトロ・フォンターネ（略してサン・カルリーノ）修道院において、付属教会堂が建築家ボルロミーニによって数回にわたる設計変更が行われた後に一六三八年に起工され、一六四六年に一部完成を待たずに献堂された【図二・一七、写真二・一六】。楕円形のホールの周辺に配置された一六本の円柱において、柱間の壁面が凹凸を交互に構成するように建造された。この平面形において、凹状を形成するべイ

図二・二六　ドーム・デザンヴァリッド礼拝堂のナポレオンの墓、平面図、断面図、礼拝堂パース【文献三】

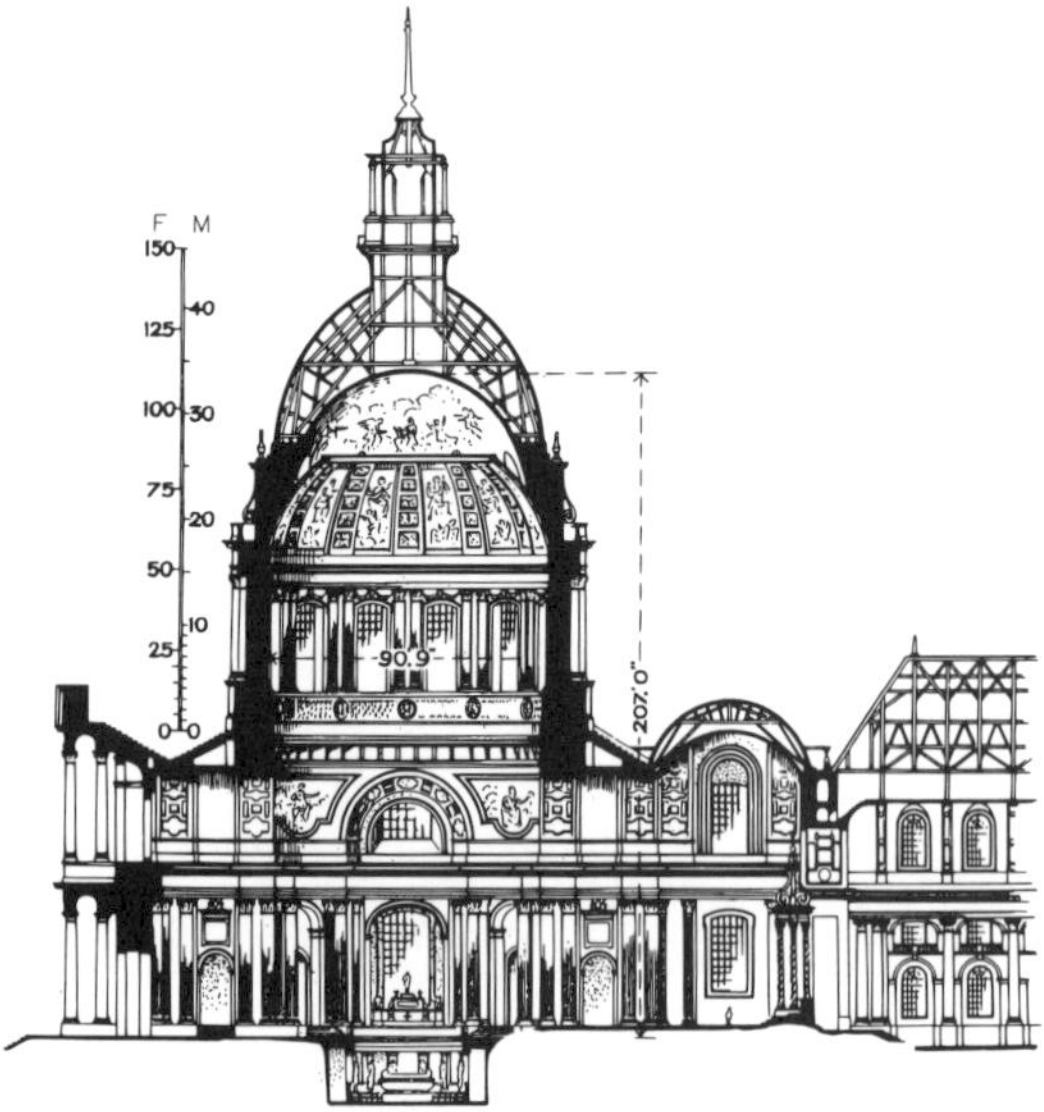

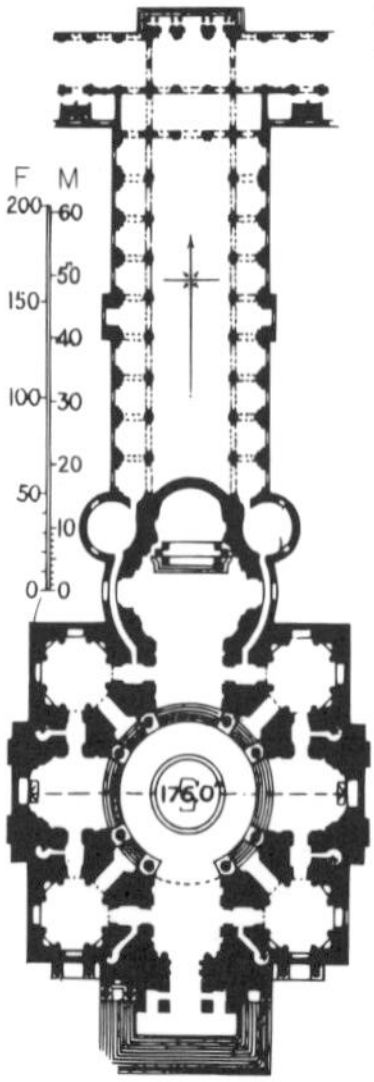

写真二・一五　ドーム・デザンヴァリッド礼拝堂アンバリッド（軍事博物館）【撮影＝坂井正美】

（四本の支柱によって区画された部間）の上にアーチを架し、この上に四分の一楕円球殻の格天井面が配されたこのアーチと、四分の一楕円球殻の間に形成されたペンデンティブの上に偏平な楕円形のドームが架され、頂部には採光用の楕円形の開口部が設けられている。この楕円ドームは、短辺が八・五メートル、長辺が一四・五メートルのスパンをもち、その内面は八角形、六角形、十字形を組み合わせた格天井を形成し、立体的効果を上げている。

一七世紀後期において当時の国際的な建築家、グアリーニが設計したサン・ロレンツォ聖堂が一六六八年にトリノで起工された【図二・一八、写真二・一七】。メインホールの内部はほぼ八角形からなり、ドームを支持する下層の壁面は凹面を形成し、アーチはペンデンティブから構成されている。この上に架せられたドームは、八本の半円アーチを交差させたヴォールティングによって構成され、そのアーチ間の壁面を凸状に形成し、

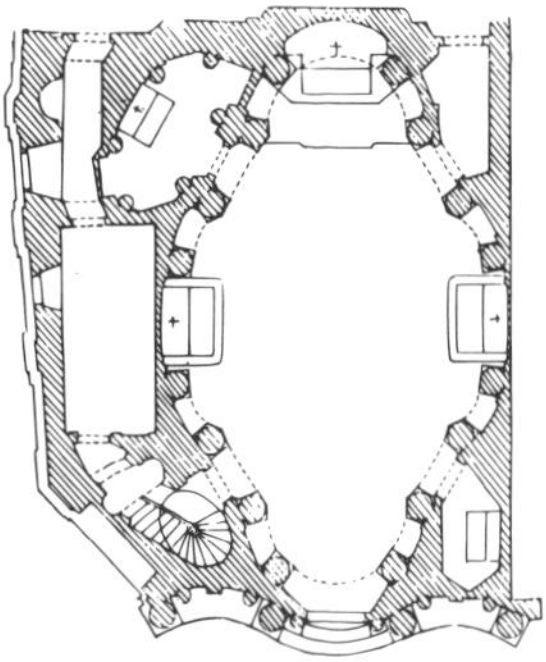

図二・一七　サン・カルロ・アッレ・クァトロ・フォンターネ聖堂の平面図【文献三】

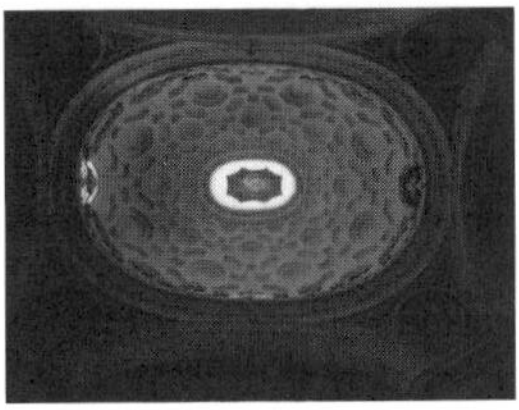

写真二・一六　サン・カルロ・アッレ・クァトロ・フォンターネ聖堂【撮影＝黒田泰介】

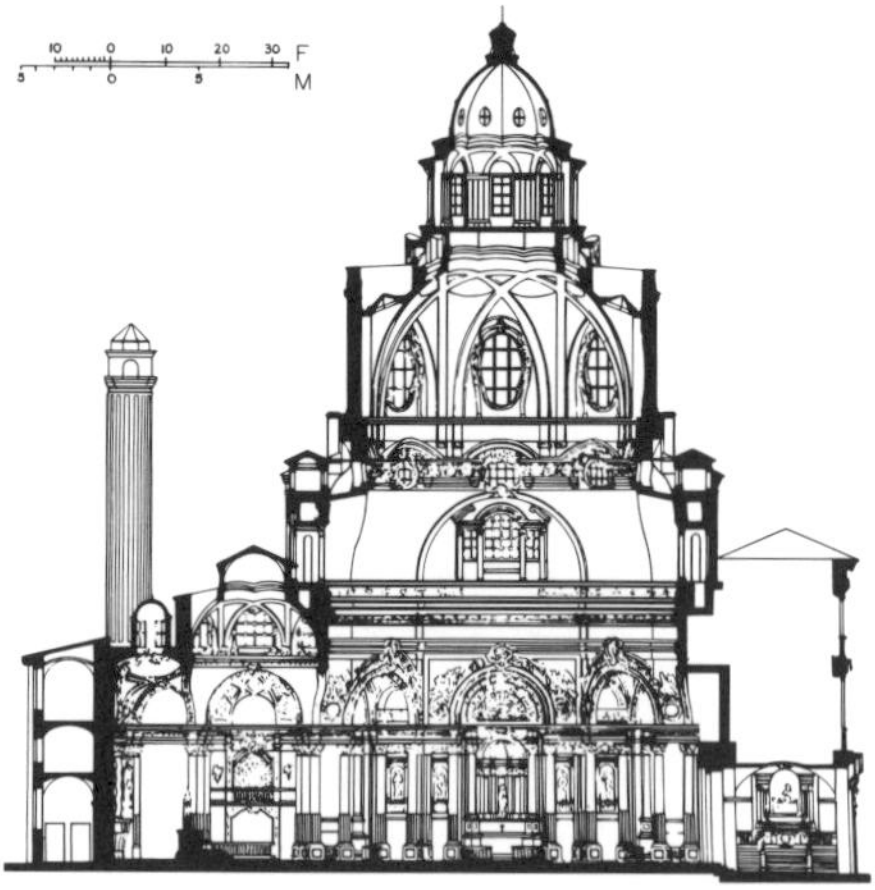
10 0 10 20 30 F
5 0 5 M

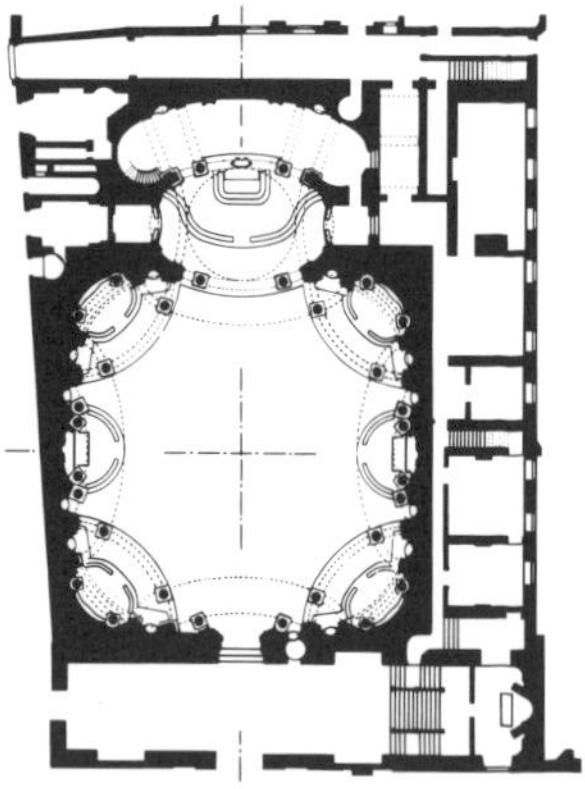

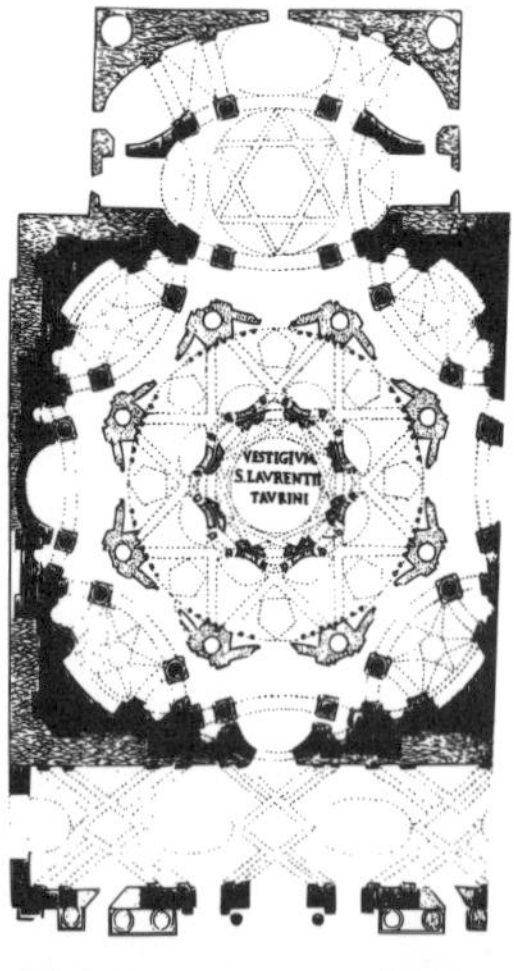
VESTIGIVM
S.LAVRENTII
TAVRINI

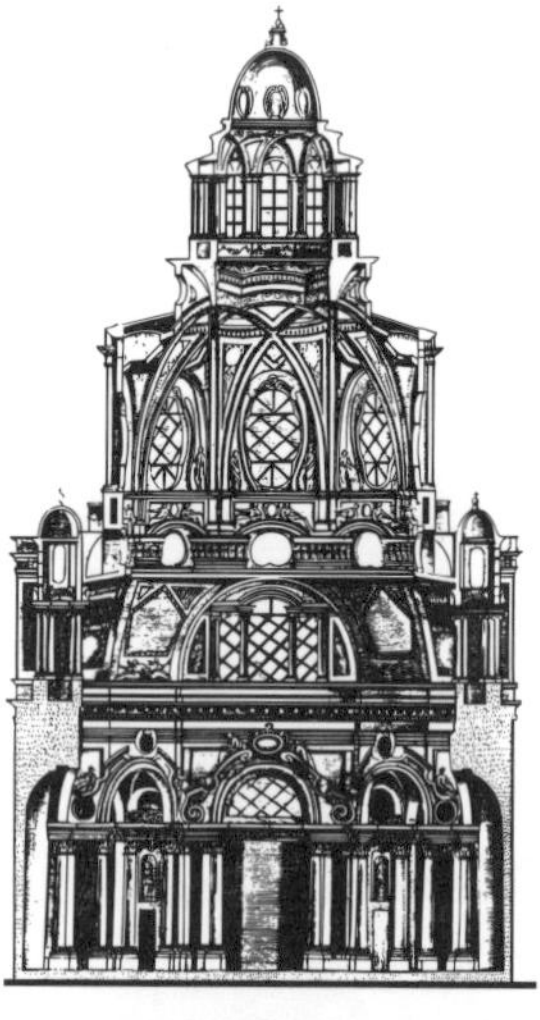

図二・一八　サン・ロレンツォ聖堂の平面図、断面図【文献三、四】
写真二・一七　サン・ロレンツォ聖堂

大きい壁面には採光用の楕円形の開口が設けられ、さらに頂部にも円形の開口を配し、上部のドラム構造をアーチリブによって支持させている。

先に述べたフィレンツェのサンタ・マリア・デル・フィオーレおよびローマのサン・ピエトロに加えて、ロンドンのセント・ポール大聖堂において建造されたドームは、三大組積造ドームと呼ばれているが、最後にイタリアから北方へ遠く離れたロンドンにおいて建立され、イギリス最大のモニュメントであるセント・ポール大聖堂に架けられたドームについて述べる。

大聖堂の再建に、レンは一六六一年以来取り組み、大火後に三つの試案を製作し、一六七五年にミケランジェロのサン・ピエトロ大聖堂にならった最終案をまとめ上げた【図二・一九、写真二・一八】。十文字交差部の上に建造されたドームは、煉瓦造の二重殻ドームの上に木造の小屋組を架し、ラスを張って鉛板を施した外殻と合わせて三重殻を形成している。このドームを構成している内殻は半円球、中殻（中間のドーム）は円錐状の形状からなり、その厚さはそれぞれ四五〇ミリで、両者はドームの基部で接合されている。

ドームを支持するドラムは、下部の内径が三四・二メートル、上部の内径（ドームのスパン）が三〇・八メートルで、下部から上部に向かって少し縮小した形状となっている。また二階障壁の背後にフライング・バットレスを施すことによってドームのスパンの増大が図られた。ドームの中殻の頂部で高さ二六・八メートルのランタン（重量八、五〇〇

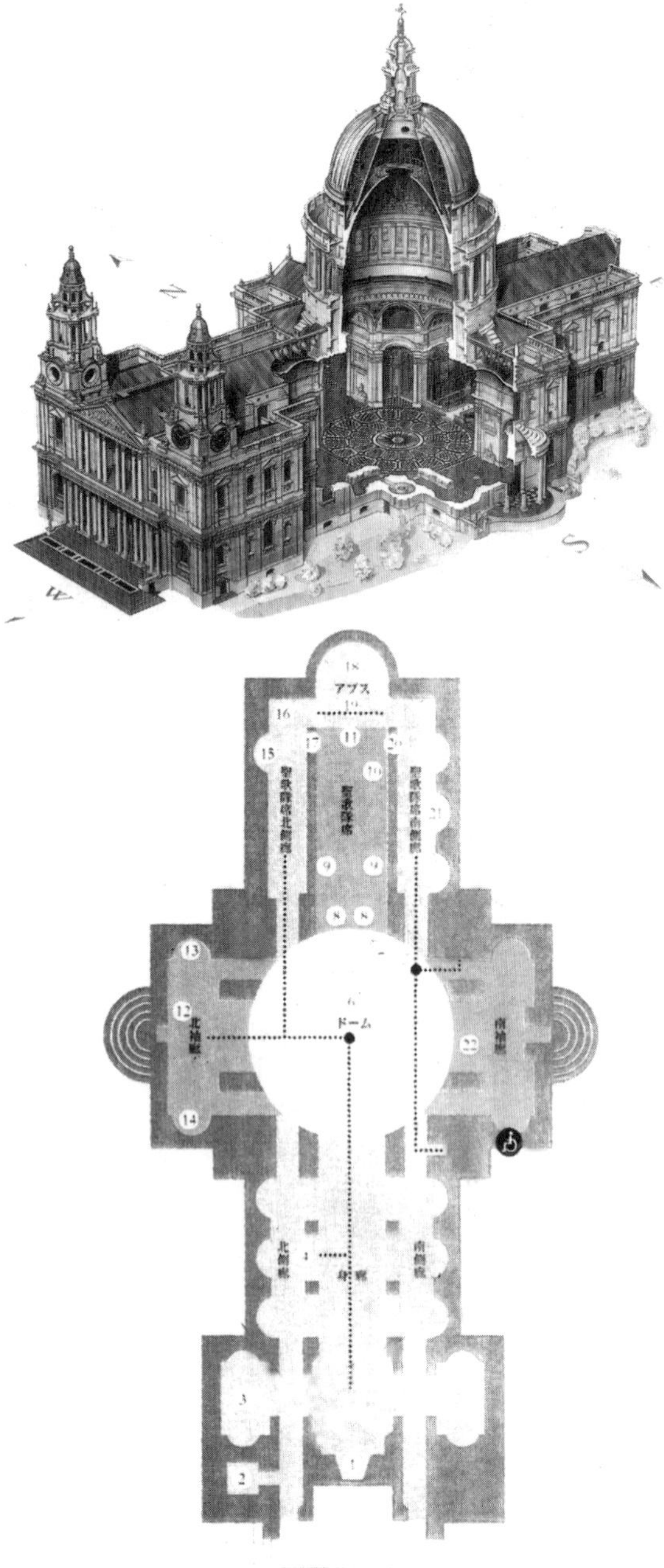

図二・二九　セント・ポール大聖堂の断面パースと平面図

kN）が支持され、地上からその頂上までの高さが一一一・五メートルとなっている。ドームによって作用する大きな水平推力に抵抗させるために、ドラム上部（ドームの基部）に鉄製の鎖（レンの鎖と呼ばれている）三本とさらに同じ位置の中殻に二本の鎖が付加された。このドーム（スパン三一メートル）の総重量は230MN（二三、〇〇〇トン）で、サンタ・マリア・デル・フィオーレ大聖堂のドーム（スパン四三メートル）が250MN（二五、〇〇〇トン）である。半

写真二・二八　セント・ポール大聖堂

円球の表面積当りで換算すると、前者が230kN/m²、後者が120kN/m²となり、前者は後者の約二倍重量が大きく建造されたことになる。これは後者のドームの表面積を大きくしたことに起因する。

一八世紀以降のドーム

ドームを二重または三重殻に建造する構法は、一五世紀から一七世紀の三世紀にかけて実験されその技術は確立されたが、一八世紀から一九世紀では、組積造ドームは新しい段階に進むまでには至らなかった。このような中で、パリにサント・ジェヌヴィエーヴ聖堂【図二・二〇、写真二・一九】が建立された。フランスの建築家スフロによって設計され一七五七年に着工されたが、一七八〇年にスフロが亡くなった後に数学者ロンドレによって薄い石からなる三重殻のドームにおいて、初めて静力学と材料力学が適用された。ギリシャ十文字の平面形に架けられたドームの直径は二五メートルで、地上からランタンの頂部までの高さは一一五メートルに及んでいる。

ドームは四本の柱によって支持されているが、当初の柱断面は小さすぎて一七七八年にひび割れが発生したために、現在の柱に改造された。ドームは、セント・ポールの大聖堂を模範として建立されたが、構造的にはアンヴァリッドのドームにならっている。ドームの基点では、鉄製のタイバー（たが材）による引張補強が施された。その他、鉄材によって組積造の壁や柱を補強していたという事実は、組積造構造の限界を超えてしまったことを示しているといえる。

一九世紀では、ドイツの建築家シンケルによって設計、一八一八年に着工され一八二一年に完成したベルリン王立劇場の屋根においてドームが建造されたり、レニングラードにおいて一八五八年に完成したイサアク大聖堂にドームが建造されたが、組積造ドームの新しい展開は見られない。

組積造ドームの最後の段階として、一九世紀から二〇世紀初頭にかけてアメリカの建築家グアスタビーノが、一九〇九年ニューヨーク市においてセント・ジョン・ザ・ディパイン大聖堂の交差部に建造した仮設ドームでは、古代からの石膏モルタルに代

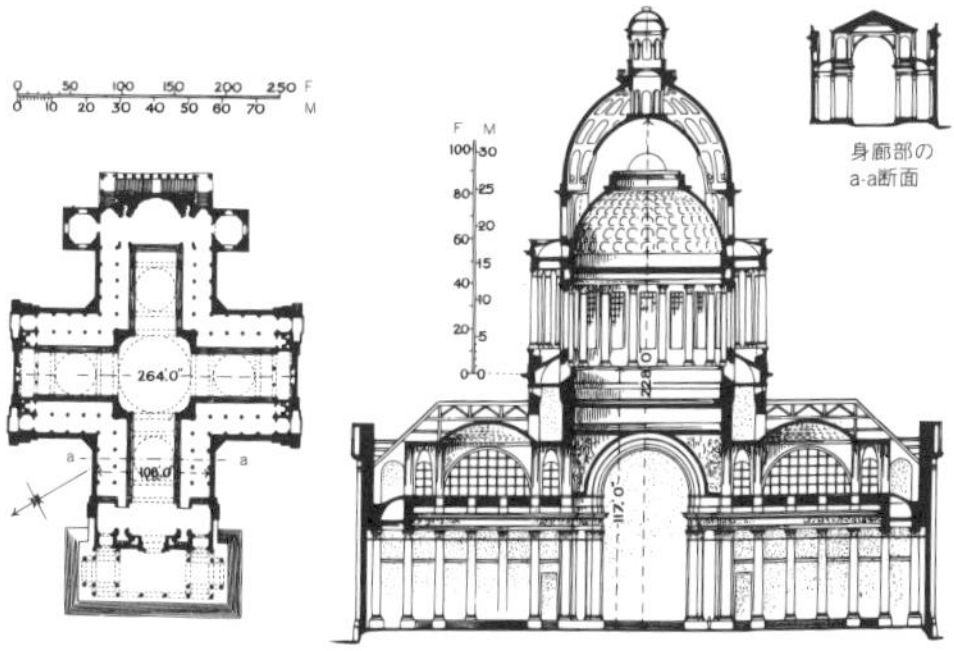

図二・二〇　サント・ジェヌヴィエーヴ聖堂の身廊部のa-a断面と横断面【文献三】

写真二・一九　サント・ジェヌヴィエーヴ聖堂

えて新しく発見したポルトランド・セメント・モルタルが導入された。このドームは、ドームの基部で直径二〇メートル、ペンデンティブの頂部で直径三〇メートル、センターリングも使用されず型枠と鋼線のみで建設され、その後現れる鉄筋コンクリートシェルを予見させる。

ローマのドームの起源といわれるパンテオンは、その優れた単純性ゆえに後代のドーム建築の出発点となり、大なり小なり何らかの影響を与えてきた。しかも、優れたローマン・コンクリートによって建造されたパンテオン・ドームのスパン四三・三メートルは、その後、一九世紀までにコンクリート造および組積造による重量ドームが多数建造されたが、ついにこれを凌駕するものは現れなかった。「凡ての道はローマに通ず」という諺を拝借すると、「凡てのドームはパンテオン・ドームに通ず」に置き換えて表現することができる。

参考までに**表二・一**の代表的なドーム建築の所在地を**図二・二一**に示した。

表 二・一　代表的なコンクリートおよび組積造ドームの歩み

建設完成年		建物の名称	建設地	構造種別	ドームの寸法		ドームの形態	建物番号
					スパン(m)	高さ(m)		
BC	1400	アトレウスの宝庫	ミケナイ	M	14.50		円錐状に近い	1
	200	スタビアエの共同浴場	ポンペイ	C	6.00		頂部に円形開口部をもつ円錐形	2
	100	マーキュリーの神殿	ローマ	C	21.55		頂部に円形開口をもつ半円球	3
	70	フォルムの共同浴場	ローマ	C	6.00			4
AC	109	ドムス・アウレア(ネロの黄金宮)	ローマ	C	13.50	10.5	ドームの下部は八角形、上部は天窓をもち、球形に近い	5
	128	パンテオン神殿	ローマ	C	43.30	43.3	頂部に開口をもつ半円球	6
	350	サンタ・コスタンツァ聖堂	ローマ	C	22.50	34.5	半円球	7
	370	サン・ロレンツォ聖堂	ミラノ	C	14.50	28	半円球	8
	537	ハギア・ソフィア大聖堂	イスタンブール	M	32.70	54	偏平円球	9
	549	サン・ヴィターレ聖堂	ラヴェンナ(イタリア)	C	17.00	30	半円球	10
	805	カール大帝の宮廷礼拝堂	アーヘン(ドイツ)	C	14.00	31	半円球	11
	1088	グンバッド・イ・カルカの金曜モスク	イスファハン	M	10.50	18.6	偏平円球	12
	1436	サンタ・マリア・デル・フィオーレ(フィレンツェ大聖堂)	フィレンツェ	M	44.00	120	二重殻ドーム	13
	1593	サン・ピエトロ大聖堂	ローマ	M	42.00	119	二重殻ドーム	14
	1609～1617	アハメディイエ(ブルーモスク)	イスタンブール	M	23.50	43		15
	1641	サン・カルロ・アッレ・クァトロ・フォンターネ聖堂	ローマ	M			楕円球ドーム	16
	1648	サンタ・マリア・デッラ・サルーテ聖堂	ヴェネチア	M	20.50		二重殻ドーム	17
	1687	サン・ロレンツォ聖堂	トリノ	M	23.50		リブ付きドーム	18
	1675～1710	セント・ポール大聖堂	ロンドン	M	31.00	110	三重殻のドーム	19
	1735	ドーム・デザンヴァリッド礼拝堂	パリ	M	21.00		三重殻のドーム(ナポレオンの墓)	20
	1790	サント・ジェヌヴィエーヴ聖堂(パンテオン)	パリ	M	25.00(外殻)	17	三層殻のドーム	21

M＝組積造、C＝コンクリート造

図二・二一　主要なドームの所在地

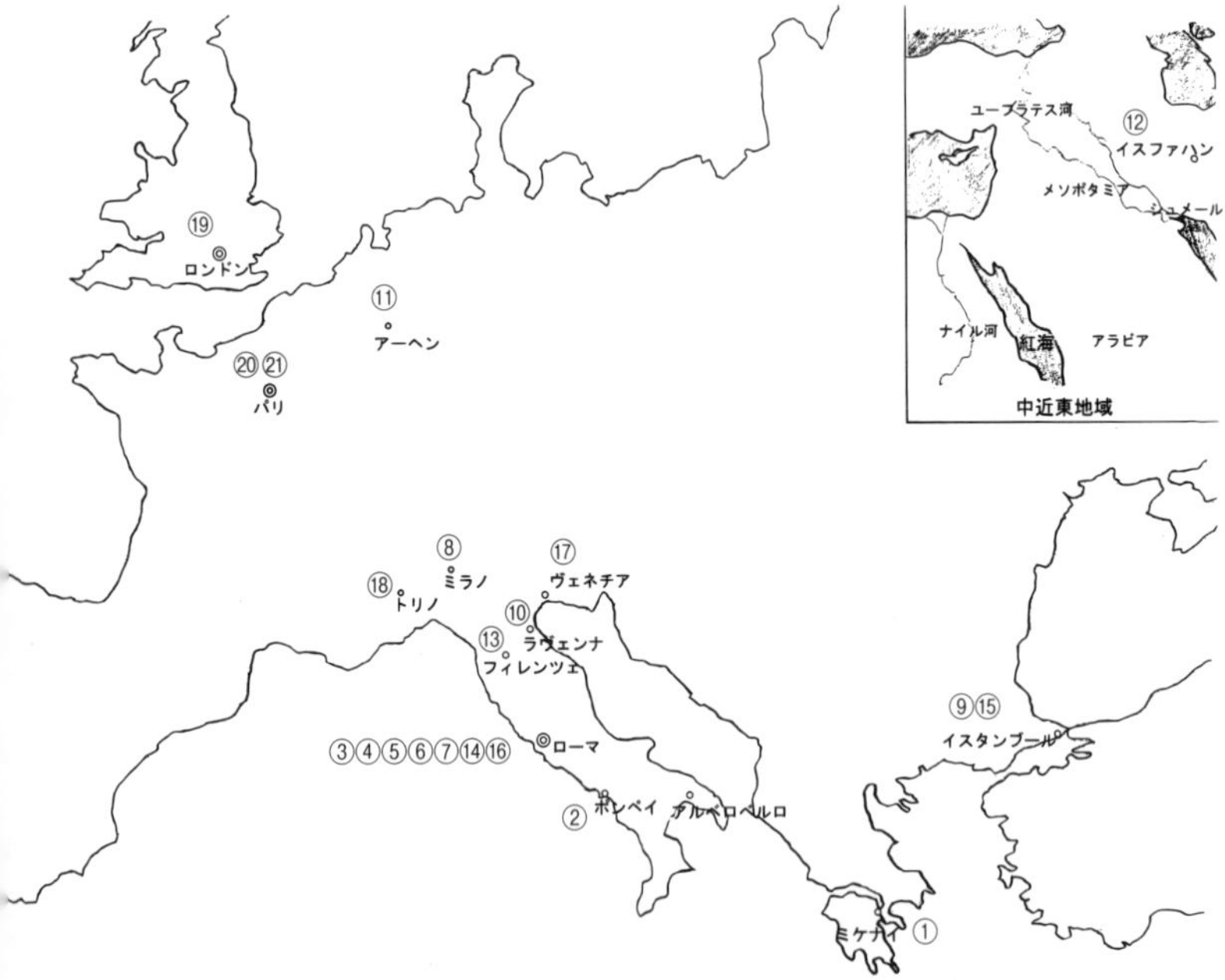

第三章

代表的なドームの構造

第二章で述べたドームの中から、コンクリート造、組積造を含めて最大ドームのローマのパンテオン【図三・一】、組積造ドームの規模が横綱級で円形でなく、構造上も複雑な八角形ドームによって建造されたフィレンツェのサンタ・マリア・デル・フィオーレ大聖堂【図三・二】、および静力学と材料力学が適用された最初のパリのサント・ジェヌヴィエーヴ聖堂【図三・三】の三つの代表的なドームを取り上げ、その構造的特徴に関して以下に述べる。

ローマ・パンテオンのドーム

ドームの構造システムに関しては、目下のところ様々な見解が存在するが、ここでは支持柱および頂部のリングに小アーチで接合される円形バットレス要素から形成される「スケルトン構造システム」と、コンクリートの等方性材料の特性を生かした「厚肉シェル構造システム」の二つの力学的取扱いについて述べる。若干の部分補修を行う際に、ドームの直下壁や格間の被覆がはがされ、ベルトラーミやコッツオ等が壁

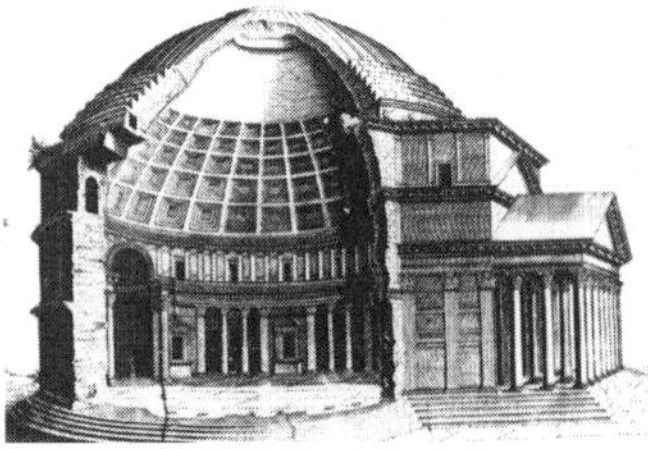

(上)図三・一　ローマのパンテオン

(中)図三・二　サンタ・マリア・デル・フィオーレ大聖堂

(下)図三・三　サント・ジェヌヴィエーヴ聖堂

や格間の裏に隠されていた荷受けアーチおよびその間に三つの小さなスパンドレル・アーチが存在することを発見した【図三・四】。これらの連続アーチ群は水平反力を打ち消し合い、ドーム構造の下部を強化する役割を担っていると考えられている。

スケルトン構造システム

パンテオンは、半球状のドームによる上部構造と円筒状の下部構造から構成されている。下部構造は一六本の大きな柱からなり、これらの柱がドームにおいては子午線状のアーチを形成し、ドームの頂部の圧縮リングは偏平な弓形アーチによって接合されている【図三・五】。したがって、柱がドームの頂部のリングまで導かれた力線となったスケルトン構造システムを形成している。

ドームの内側に設けられた格子は四段から構成され、最下段が三・九メートル、最上段が二・三メートルと頂部に向かって少しずつ浅くなり、間隔も狭くなるように配慮されている。また、これに伴って、ドームの厚さも迫元から頂部に向かって小さくするとともに、コンクリートの密度も三段に分けて16.0 kN/m^3から13.0 kN/m^3と軽

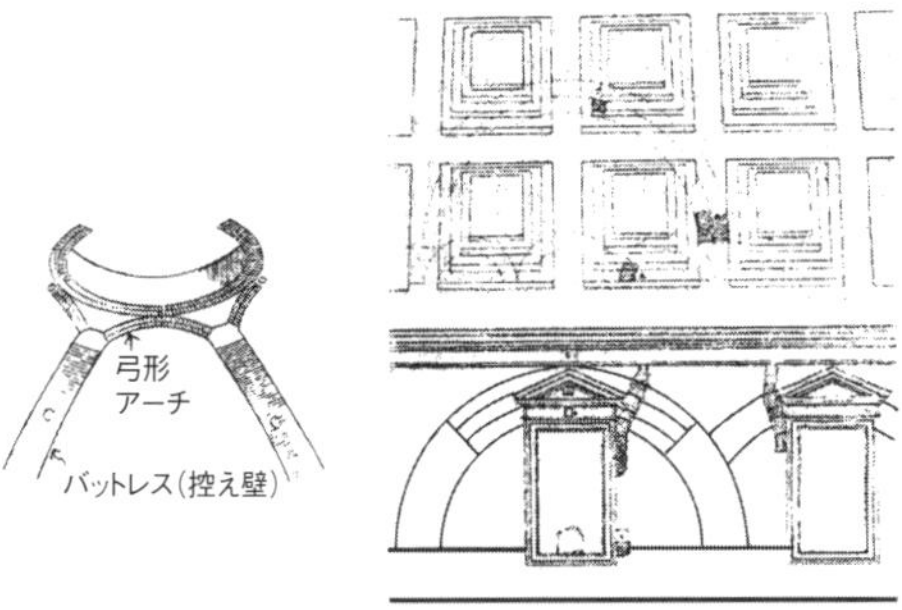

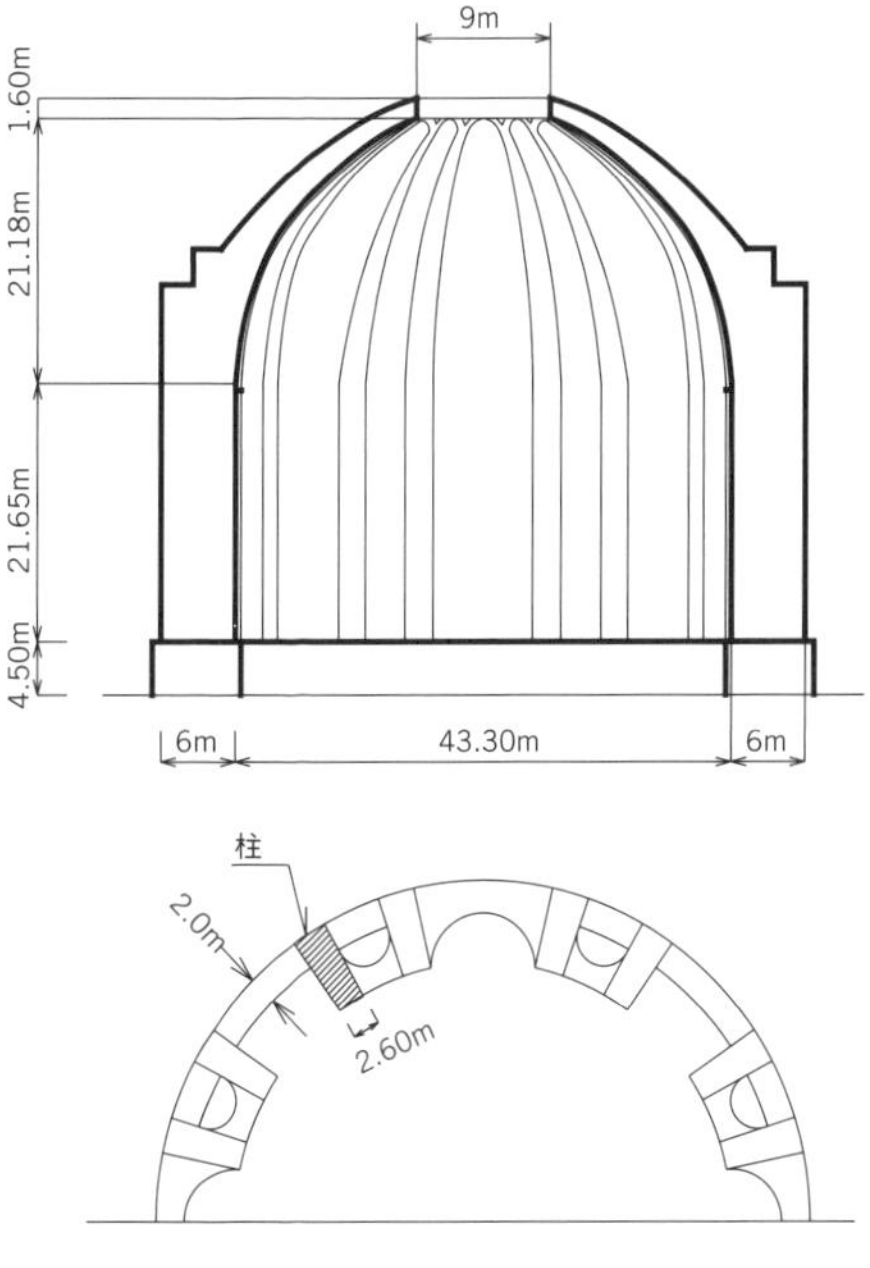

(上)図三・四　パンテオンにおけるドームの構造システム(右)と荷受けアーチ(左)
(下)図三・五　パンテオンのスケルトン構造システム

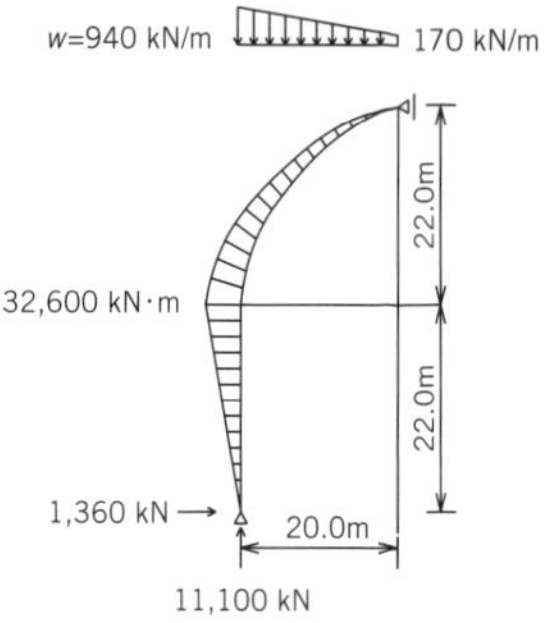

図三・六　スケルトン構造に作用する曲げモーメント分布

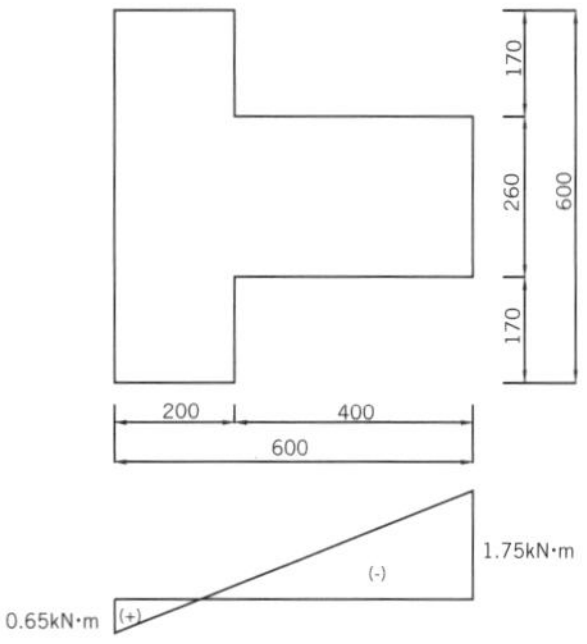

図三・七　柱に作用する曲げ応力度

量化を図っている。これらはすべてドームの重量を軽減することに関連し、スケルトン構造の適切性を裏付けている。

円筒状の構造物では、**図三・五**に示すように放射線状に一六本の柱が配置され、ドームを支持している。これらの柱は、ドーム内に子午線状に形成されたバットレスによる円形アーチと接合され、頂上のリング部で弓形の偏平アーチによって互いに接合された構造システムが構成されている。このスケルトン構造を、柱と半円形アーチからなるアーチラーメンによる静定骨組にモデル化し、等変分布荷重が作用したときの応力解析から算定された曲げモーメント分布を**図三・六**に示す。

得られた最大曲げモーメント $Mmax$ = 32,600kN・m に対して、最小断面をもつ柱材に生じる曲げ応力度を計算すると**図三・七**に示す結果が得られる。ここでは、円筒を形成する外壁を考慮に入れて、T形断面柱として曲げ解析を行った。柱に生じる最大引張応力度は、 σt = 0.55 N/mm^2 と推測される。当時のコンクリートの圧縮強度が 20 N/mm^2 程度と推定しても、引張強度はおおむね 0.80 N/mm^2 と予測すると、ある程度の引張余裕度を有していると考えられる。

ドームに生じる水平推力は、スケルトン構造システムでは**図三・六**に示す水平反力に対応する。この水平反力をドームの支持構造物の円筒体の頭部に形成されるリング構造（有効矩形断面を 2,500×6,000 ミリと仮定する）が負担すると考えると、このリング断面に作用する引張応力度は 0.25 N/mm^2 と算定される。これより、ドームの水平推力に対しても、

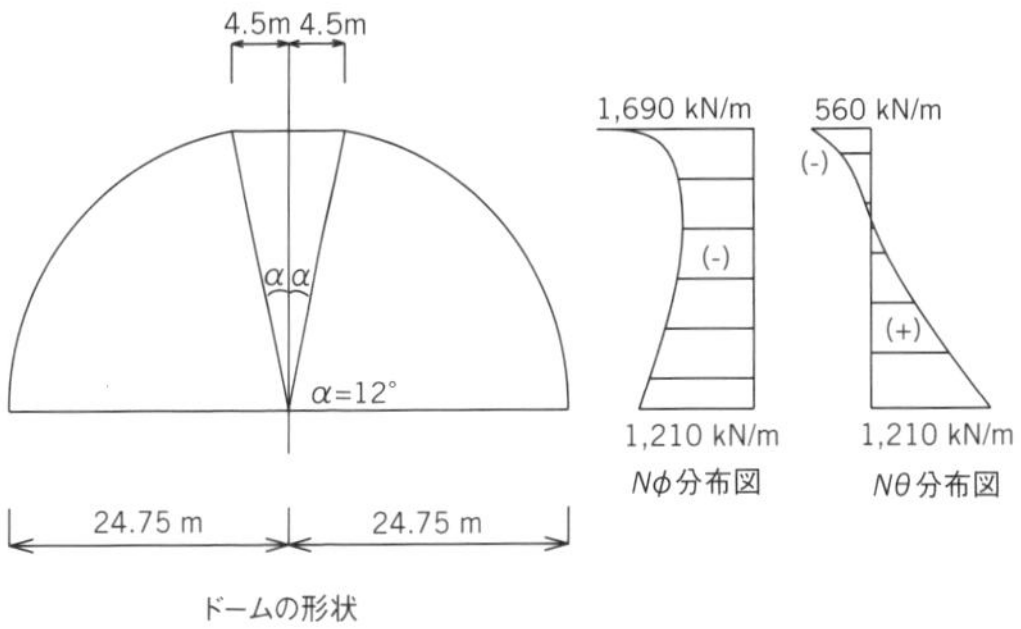

図三・八　ドームに作用する面内応力分布とドームの形状

支持構造物によって十分な引張余裕度をもって抵抗できることが検証された。

厚肉シェル構造システム

パンテオン・ドームは、頂部に開口部を有する半球形の変断面厚肉シェル構造システムを構成している。球形シェルではスケルトン構造とは違って、**図一・九**に示すように法線方向の応力度 N_ϕ 以外に子午線方向の応力度 N_θ も作用する。ドームの応力解析を単純にするために、ドームのコンクリート自重を等分布荷重 $w = 47$ kN/m^2 に換算すると、ドームの曲面に作用する面内応力度 N_ϕ と N_θ は、**図一・三**のシェル理論解を用いると**図三・八**に示すような応力分布が得られる。この図から、ドームの基部から頂部までの高さのおおむね三分の二の曲面において、円周方向に作用する面内応力 N_θ が引張応力となることが認められる。ドーム迫元部に作用する最大引張応力度は、0.20 N/mm^2 と算定される。これより、ドーム迫元部に作用する引張応力度は、シェル理論から解析された結果がスケルトン構造システムから算出された結果より過小評価されることが検証された。

サンタ・マリア・デル・フィオーレ大聖堂のドーム

サンタ・マリア・デル・フィオーレ大聖堂は、ドームの重量を軽減するために内殻と外殻からなる八角形の二重ドームと中間構造の八角形ドラム、および下部構造の支持柱による三層構造から構成されている。ここで八角形ドラムは、ドームの全重量を支持柱に伝達するとともに、ドームに作用する水平推力に抵抗する重要な役割を担っている。

八角形ドームは、陵線上の八本の円弧アーチと陵線の中間に一六本の円弧アーチによる縦方向のアーチ材、およびこれらの円弧アーチを水平方向で接合するタイビームによるスケルトン構造システムを形成している【図三・九】。これらのスケルトンは、外殻と内殻によるシェル構造と一体となったサンドイッチタイプの曲面構造も構成していると考えることができる。したがって、八角形ドームをスケルトン構造理論および球形シェル理論を用いて組積造ドームの安定性を検証する。

スケルトン構造システムに対する応力解析

八角形ドームは、図三・一〇に示すように八角形の頂点を結ぶ放射状の縦リブ[*1]【a】と、リング状の水平リブ【c】による曲線状格子からなるスケルトン構造システムを構成している。ドームの下部には、ドームに生じる水平推力に抵抗するように縦リブに接合した木造による水平タイリング【d】が配置されているが、木造の断面の大きさから水平推力を負担することには期待できない。

　このスケルトン構造に作用する応力を解析するために、ドームに配された放射状の

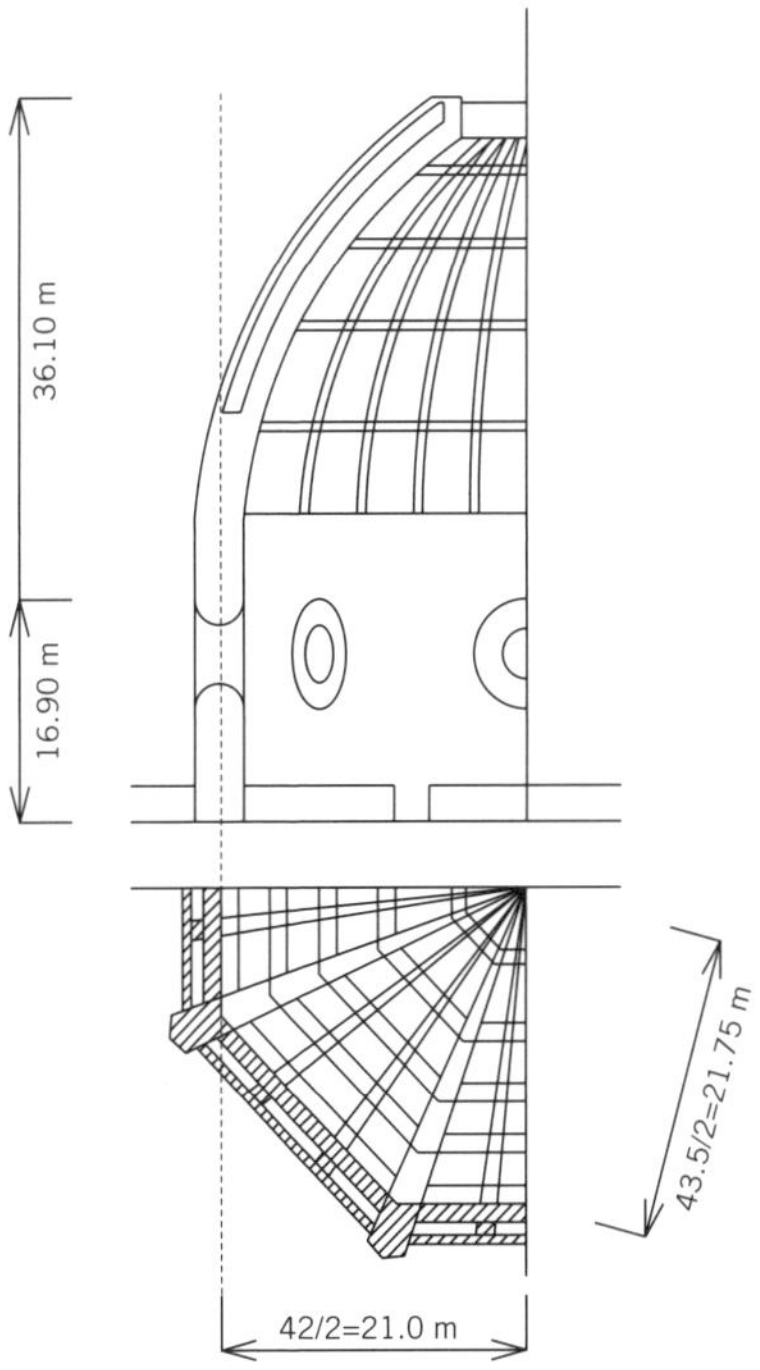

図三・九　ドームおよび八角形ドラムからなるスケルトン構造システム

＊1　放射状に配された縦方向の部材

図三・一〇　ドームの二重シェル解剖図

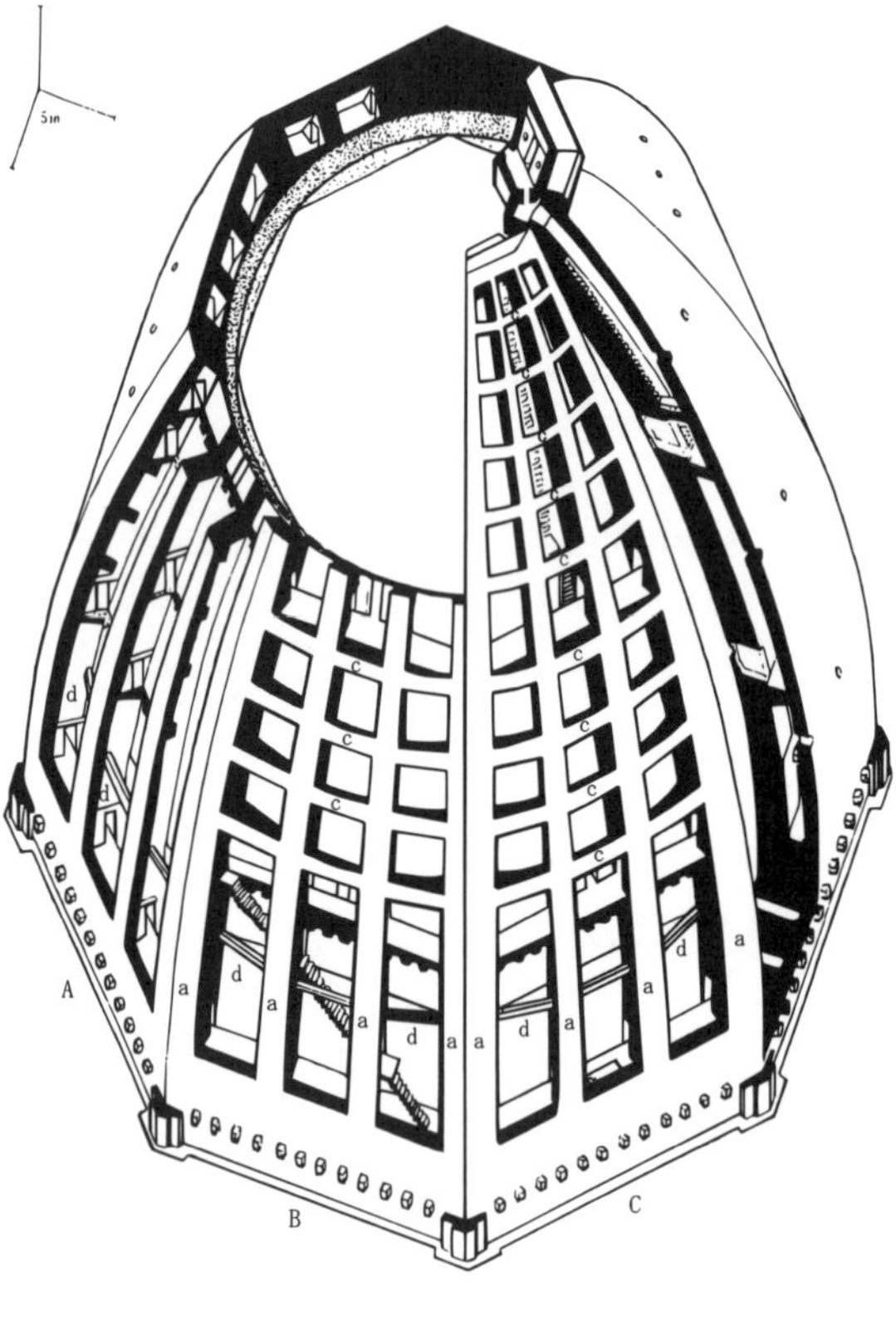

縦リブの内、陵線におけるものはドラムの中を通って支持柱まで連続したメイン・スケルトン構造を考える。この構造は、頂部を八角形間に対応したローラー支持とし、支持柱の上部でピン支持とした静定アーチ・フレーム・モデルに置換する。

この骨組に組積造材料の密度 $\gamma = 17\ \mathrm{kN/m^3}$ に対応する等変分布荷重が作用すると

き、**図三・一一**に示すように曲げモーメント分布が得られる。また、メイン・スケルトン構造の中間に配置された放射状の縦リブはサブ・スケルトン構造とし、頂部をローラー支持、下部を八角形ドラム上においてピン支持された静定アーチモデルに置換する。この骨組が等変分布荷重を受けるとき、**図三・一二**に示すような曲げモーメント分布が得られる。ここで、いずれの円弧アーチも**図三・一三**に示すように、五タイプの曲率(R)から構成され、ドームのライズ*2が半円形ドームより高くなるように配慮されている。

算出された最大曲げモーメントに対して、メイン・スケルトン構造およびサブ・ス

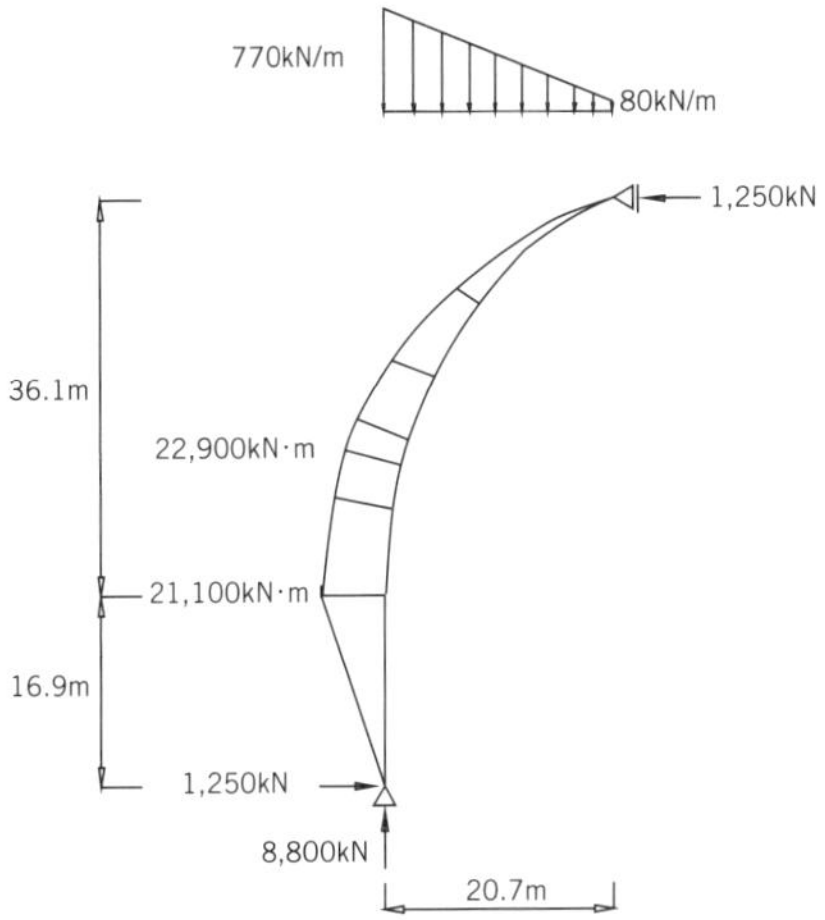

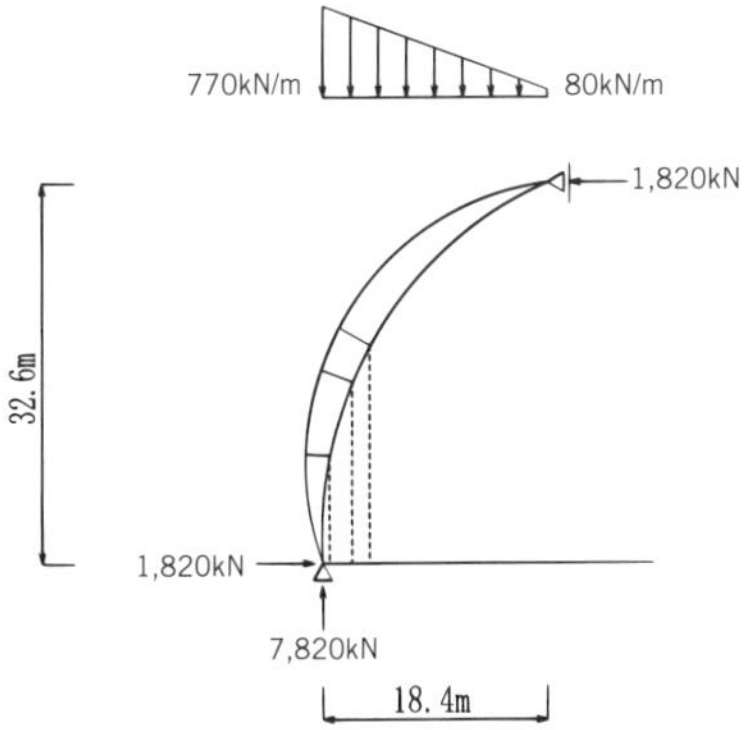

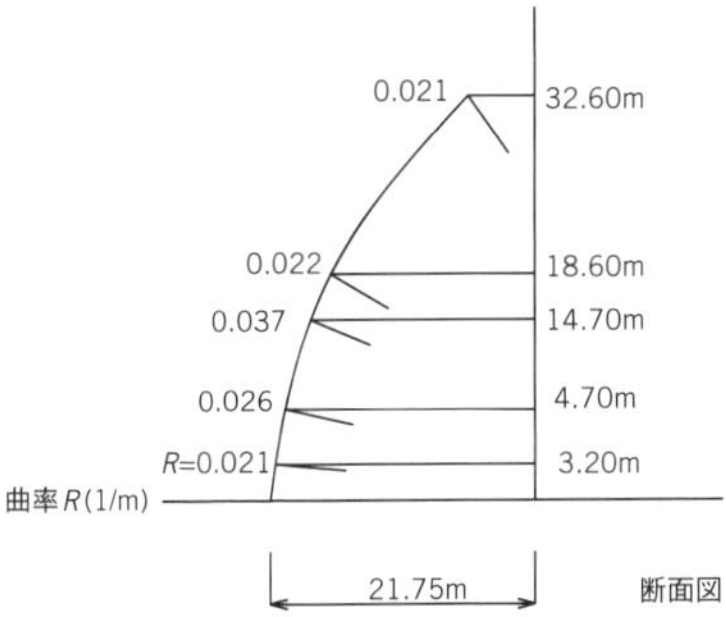

(上)図三・一一　メイン・スケルトン構造に作用する曲げモーメント分布
(中)図三・一二　サブ・スケルトン部材に作用する曲げモーメント分布
(下)図三・一三　ドーム内殻の曲率の変化

*2　ドームの根元から頂部までの高さ

ケルトン構造に作用する曲げ応力度は、それぞれ1.13 N/mm^{2}および0.54 N/mm^{2}と算出された。当時、使用された煉瓦の曲げ強度は1.6 N/mm^{2}程度と推定される。この曲げ強度の結果は、中国の大雁塔（五五五年建立）に使用された煉瓦と同じ製造法でつくられた煉瓦を私の研究室で曲げ実験を行い得られたものである。これより、スケルトン構造に作用する曲げ応力度は、曲げ強度以下であることが推察される。

また、メイン・スケルトンおよびサブ・スケルトン構造から生じる水平推力に対し、厚さ四・二メートルの八角形ドラムに設けられた円周状の上部壁で抵抗すると考える。この八角形ドラムをリングに近似し、水平推力によってリング応力が一様に作用すると仮定すると、リングに生じる引張応力度は0.22 N/mm^{2}と算出された。煉瓦の引張強度を0.8 N/mm^{2}と推定すると、水平推力によって煉瓦に作用する引張応力度に対して、十分な安全性を有していることが認められる。

サブ・スケルトン構造（断面1,000×4,000ミリ）に作用する圧縮力に対する応力度は2.0 N/mm^{2}と算出されるが、煉瓦の圧縮強度を8.0 N/mm^{2}と推定すると、十分な安全性を有していることが認められる。

円形シェル理論による応力解析

ドームの形状は、前述したように平面的に八角形を形成し、立体的には五タイプの

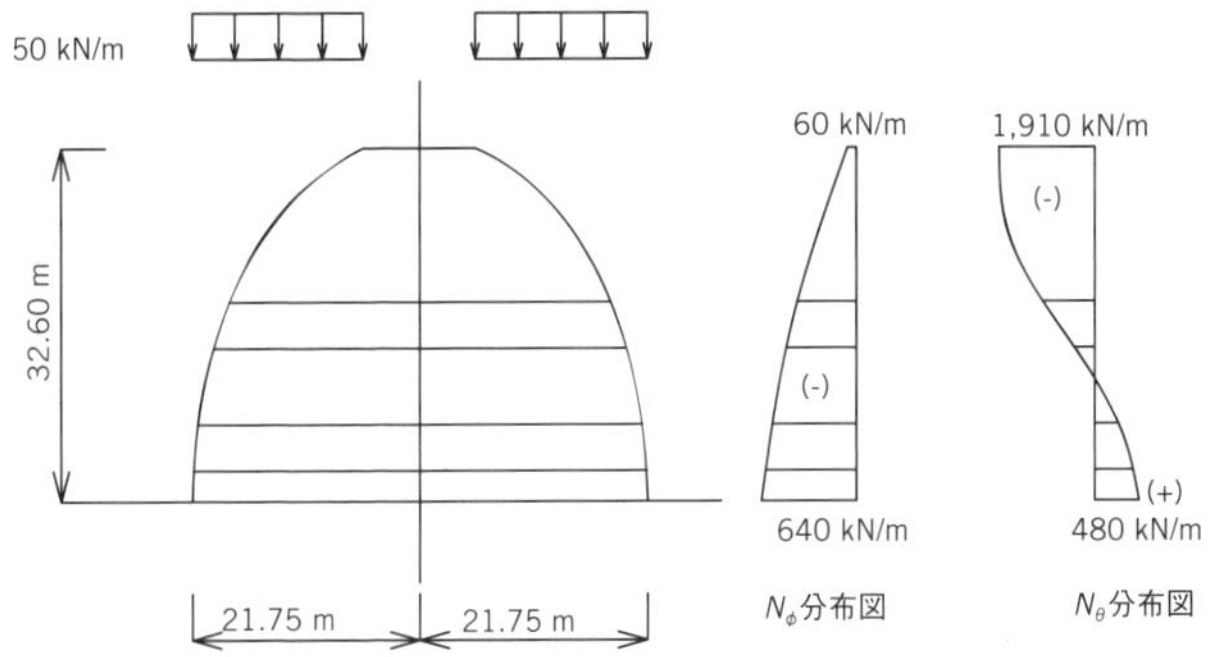

図三・一四　ドームに作用する面内応力分布

曲率をもつ曲面によって構成され、頂部には八角形の開口を有している。ドームは外殻(厚さ〇・八メートル)と内殻(厚さ二・一メートル)の二重シェルを形成し、中間層は一・一メートルでシェルの全厚さは四・〇メートルとなっている。中間層は放射状縦リブと水平リング状リブによる格子構造によって構成され、外殻、内殻と一体となってサンドイッチ・シェル構造が形成されている。

ドームの頂部および基部は八角形を構成しているが、任意水平断面は円形断面に近くなっており、立面的には五タイプの曲率からなる円弧を形成している。したがって、立面的に五つに分割(輪切り)し、円形シェル理論を用いて面内応力の解析を行った。これより得られた経線(放射線)、および緯度線(円周)方向応力に関する面内応力N_ϕおよびN_θの分布を**図三・一四**に示した。この図から、ドームの下三分の一の部分は引張面内応力が作用していることがわかる。基部に作用する最大引張面内応力は0.12 N/mm^{2}と算出されるが、この値はスケルトン構造システムにおいて算出された引張応力の約半分になっていることが認められる。

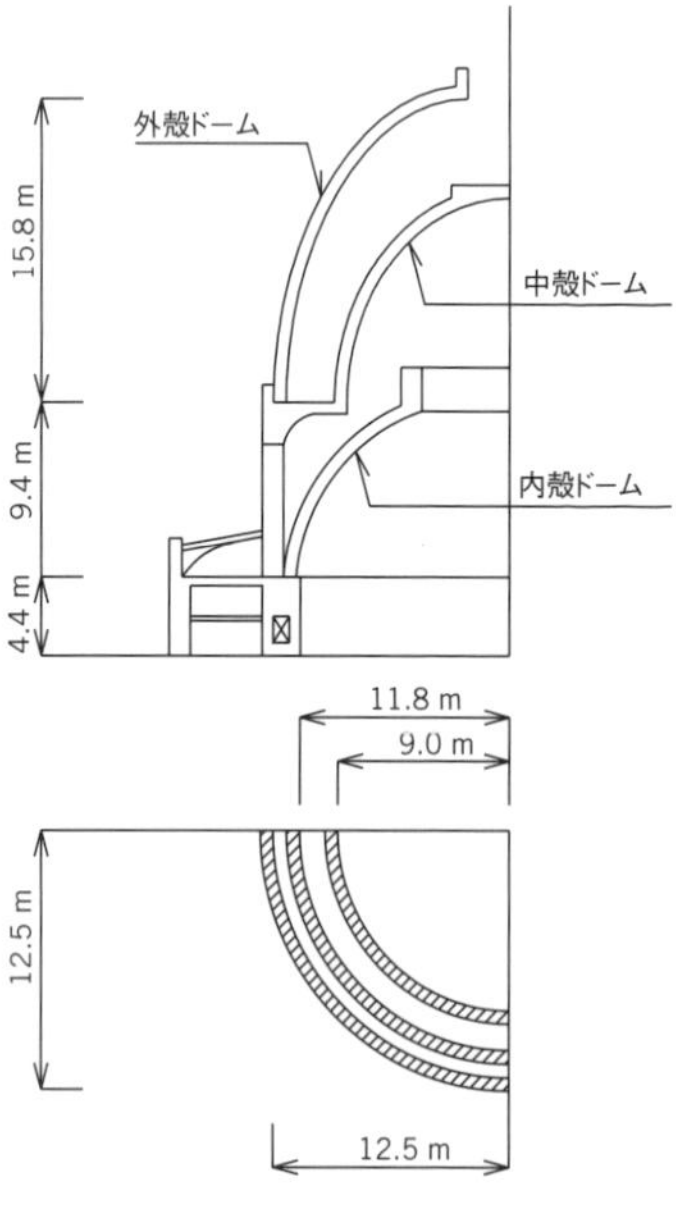

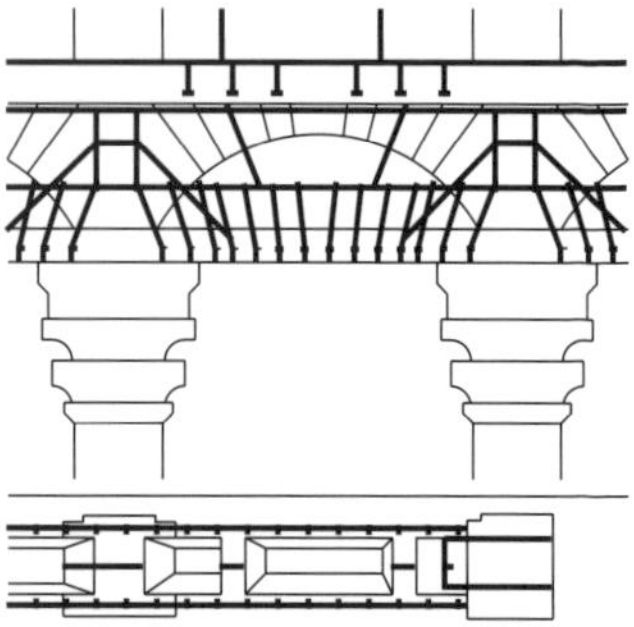

(上)図三・一五　三層ドームの断面図
(下)図三・一六　ドームのタイバーとアーチの補強材

パリのサント・ジェヌヴィエーヴ聖堂におけるドーム構造

パリのサント・ジェヌヴィエーヴにおいて建造されたドームは、内殻、中殻および外殻から形成され三重というより、これらがむしろ構造的に独立した形で三層ドームによって構成されていると表現したほうが適切である【図三・一五】。中殻を形成しているドームは、ランタンの重量の一部を負担し、外殻を形成するドームと互いに基部において偏平なリングによって一体となっている。

したがって、このリングに二つのドームの水平推力が集中し、大きな引張力が作用するために、**図三・一六**に示すように補助材として鉄製のタイバー[*3]によって補強された。また下部に建造されたフラットアーチの中には、引張とせん断に対して多量の鉄製の補強材を用い、圧縮に対しては組積造で負担させるという鉄筋コンクリートの抵抗機構を思わせる進歩的な補強方法が採用されていることに驚かされる。

本聖堂で建造されたドームは、同様なスパンをもつ以前のドームと比較すると、かなり薄肉化されており、現代の鉄筋コンクリート・シェルの出現を予告させる。これも当時の鉄の著しい発展によって、設計者が組積造で負担できない引張力を鉄製の補強材によって補う技術を開発した賜と考えられる。

*3　樽のタガ締め金具のように、ドームの基部において設置される円形状鉄製の補強材

薄肉構造システム

三層ドームを形成している外殻、中殻および内殻の内法スパンは、それぞれ二五、二八、二三・六メートルで、その厚さは基部から頂部に向かって薄く変化しているが、平均的に六〇〇ミリと仮定するとそのスパンに対する厚さの比はそれぞれ1/42、1/47、1/39となっており、薄肉化に前進している。また、他のドームと違って本ドームは、スケルトン構造システムを構成していないので、薄肉シェル構造システムを形成している。ここでは、薄肉面内シェル理論を用いて解析を行う。

(上)図三・一七　外殻ドームに作用する面内応力分布

(下)図三・一八　内殻ドームに作用する面内応力分布

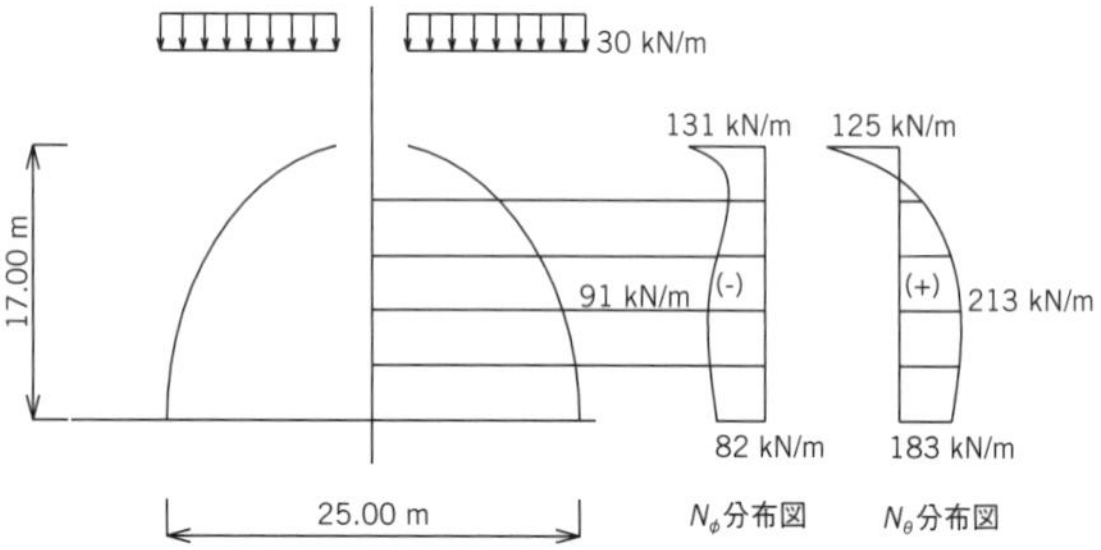

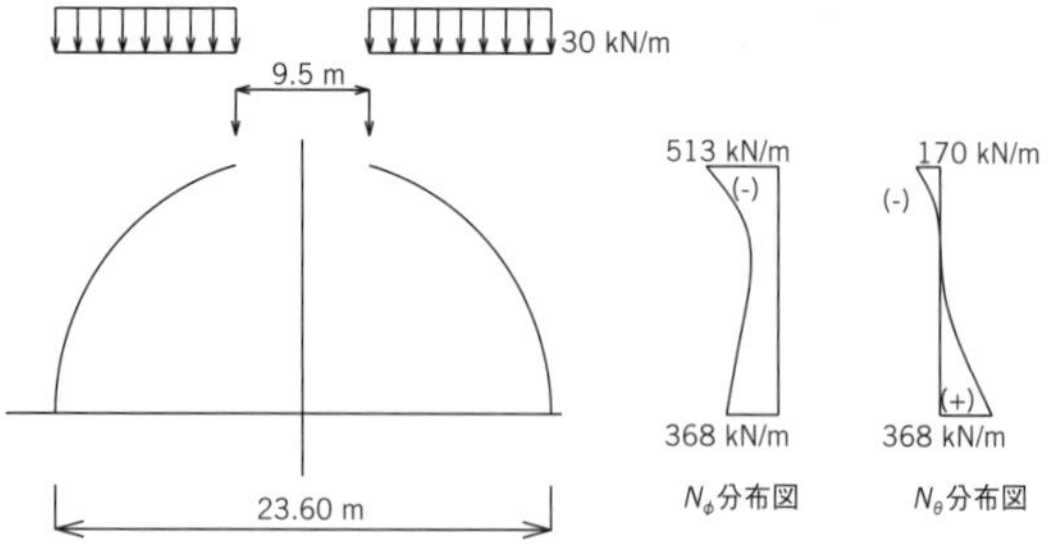

外殻および中殻を形成しているドームの形状は半円球ではなく、少なくとも三タイプの曲率半径によって表現されていると考えられる。したがって、外殻を形成するドームの高さにしたがって等しく五分割し、各帯状要素に作用する面内応力を球シェル理論を用いて計算された経線方向の軸応力N_ϕ、および緯度線方向の軸応力 N_θ に関す

る分布を**図三・一七**に示した。これより、ドームに作用する緯度線方向の最大軸引張応力は $\sigma_\phi=0.36$ N/mm^2 が得られ、煉瓦の推定引張強度 0.8 N/mm^2 に対して二倍以上の引張余裕度を有している。また、中殻を形成しているドームは外殻ドームより規模が小さく、作用する引張応力度に対して煉瓦の引張強度は十分な安全性を有していることはいうまでもない。

内殻を形成するドームは、頂部に開口をもつ半円球シェルを構成しているので、半円球シェル理論を用いると面内応力 N_ϕ、N_θ は**図三・一八**のように計算される。これより、ドームの基部に作用する引張応力度は、$\sigma_\phi=0.60$ N/mm^2 が得られ、煉瓦の引張強度に対して十分な余裕度は有していないことが推測される。内殻の外側にはリング状に水平材が設置されているので、水平推力に対してはこの補剛材も抵抗しており、十分な安全性を有していると考えられる。

以上の解析結果から、外殻および中殻を形成するドームの基部に配置されたリング状の偏平水平材において補強されたタイバーは、水平推力に対する補助材としての効果を期待したものと推察される。

ドームの厚さとスパン長さの関係

コンクリート造ドーム、煉瓦および石造による組積造ドームは、引張強度が低い素材によって建造されているためにその厚さは大きくなり、大スパンの場合、厚肉シェル構造を形成している。したがって、鉄筋によって補強された軽量な薄肉RCシェルに対して、重量ドームとも呼ばれている。ドームは、基部において放射線方向に面外応力を受けるために、厚さを大きくし頂点に向かって低減したり(ローマのパンテオン)、また基部近傍を一層としドームの上部を二層として軽量化を図った例(サン・ピエトロ)も見受けられる。

ここで、ローマのパンテオン、ハギア・ソフィア、サンタ・マリア・デル・フィオーレ、サン・ピエトロ、セント・ポールおよびパリのサント・ジェヌヴィエーヴにおいて建造された主要なドームの最大厚さ $t\,\mathrm{max}$ の内法スパン長さ[*4] L_0 の比($L_0/t\mathrm{max}$)を求め、内法スパン長さとの関係を**図三・一九**にプロットした。ここで、ハギア・ソフィアおよびパリのパンテオンの厚さは、文献から正確な値が得られなかったので、断面図から推定した値を用いた。この図から、内法スパン長さが四〇メートル以上のドームでは、$L_0/t\mathrm{max}$ 比は二〇以下の厚肉シェルを構成しているが、スパン長さが四〇メートル以下では $L_0/t\mathrm{max}$ 比が三〇以上となり、薄肉シェルに近づいていることが認め

＊4　ドームの内側の直径をいう

られる。

図三・一九　ドームの最大厚さと内法スパンの関係

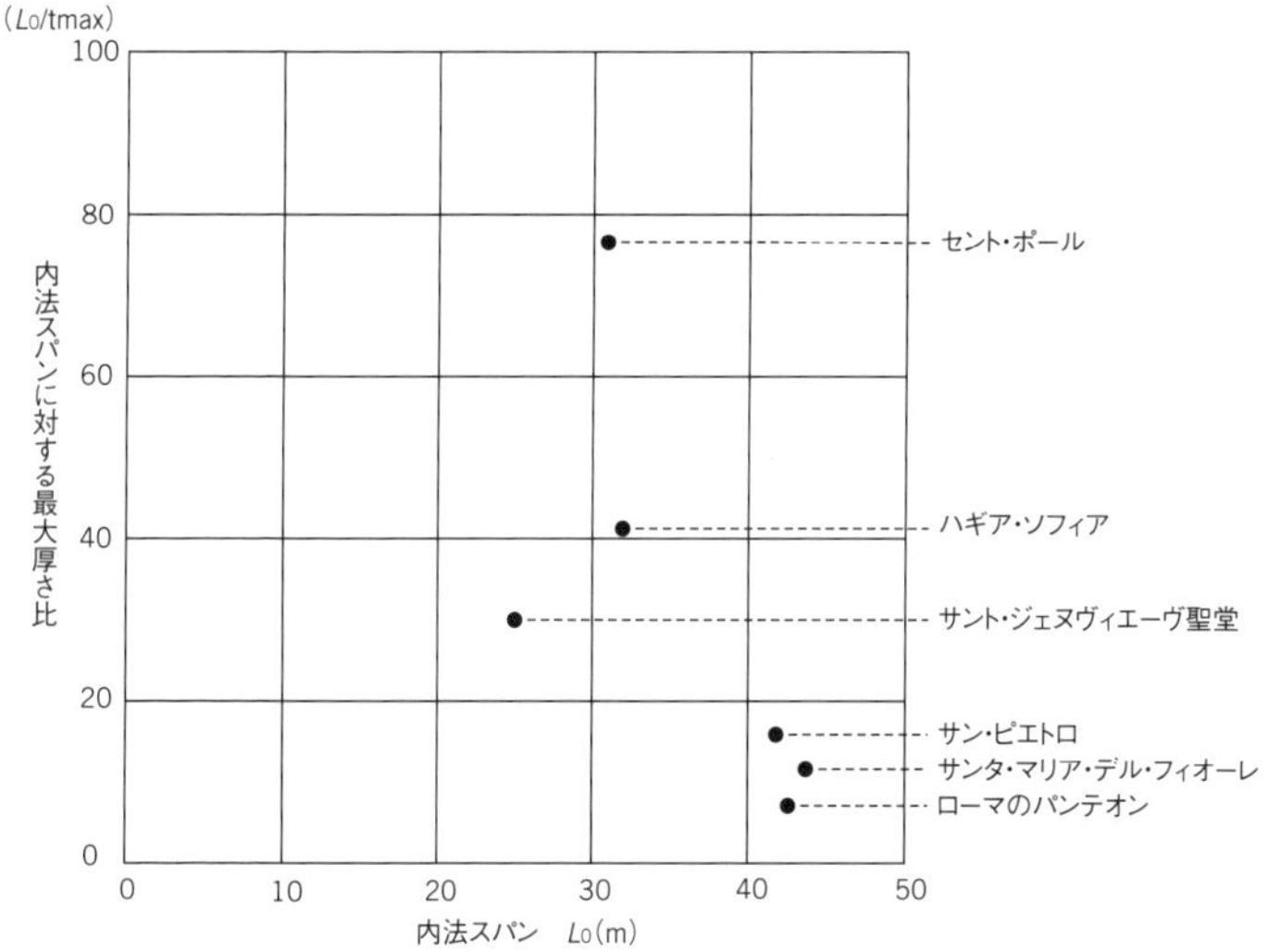

第四章

重量ドームの損壊と保存

はじめに

ドームをコンクリート、煉瓦および石材によって建造するとき、科学的検証による手法をもたない当時の工匠や建築技術者は、過去のドームを手本とし己の経験に頼らざるを得なかった。したがって、経験のない新しいドームに取り組むときは、立ち上がるまで何が起きるか予測することもできず、問題が生じたときに設計変更したり補強したりして、臨機応変に対応していた様子が既往の関連資料から伺うことができる。

古典ドームの時代は、引張強度の低い素材を使用し、適切な補強材を持ち合わせていなかったので、基部の上部に生じる緯度線方向の引張応力に対応するために、厚さを大きくする重量ドームを形成せざるを得なかった。したがって、ドームの剛性は著しく大きくなるために、小さな変形を受けても内部には過大な応力が発生することになる。このような理由から、重量ドームは支持地盤の不同沈下や大地震を受けると敏感に反応し、構造ひび割れによる損傷や部分あるいは全体崩壊に至った例が見られる。

このようにドームが損傷を受けても、当時ドームを戴く建築物は神殿や聖堂といった最重要施設であったために、優れた建築家や技術者が対策に取り組み、設計変更したり補強を加えることによって修復し、保存に尽力されたので今日まで建ち続けている。

ここでは、完成後、幾度か地震を受けて崩壊したり、著しい構造ひび割れが発生したために建て替えられたり、また補強された経験をもつハギア・ソフィア大聖堂とサン・ピエトロ大聖堂を具体例に取り上げる。

ハギア・ソフィア大聖堂におけるドーム

ハギア・ソフィア大聖堂は、**図四・一**に示されているように中央部に主ドームが四本の大きな柱によって支持され、その東と西側に主ドームの水平推力を負担させるために半ドームを配し、同様に北側の南側には二枚のバットレスによって負担されるように構成されている。本建築物の設計は、経験的に証明されていた当時の慣例をはるかに越えたもので、その建設中において半ドームに作用する大きな水平推力によって四本の柱が突然傾き始め、崩壊寸前にあわてて主アーチを完成させたり、また半ドームには大きな変形が生じたりする難工事の連続であった。

地震帯に属するイスタンブールに建造された大聖堂は五三七年に完成され、そのわ

図四・一　ドームに発生した引張ひび割れと補強タイ

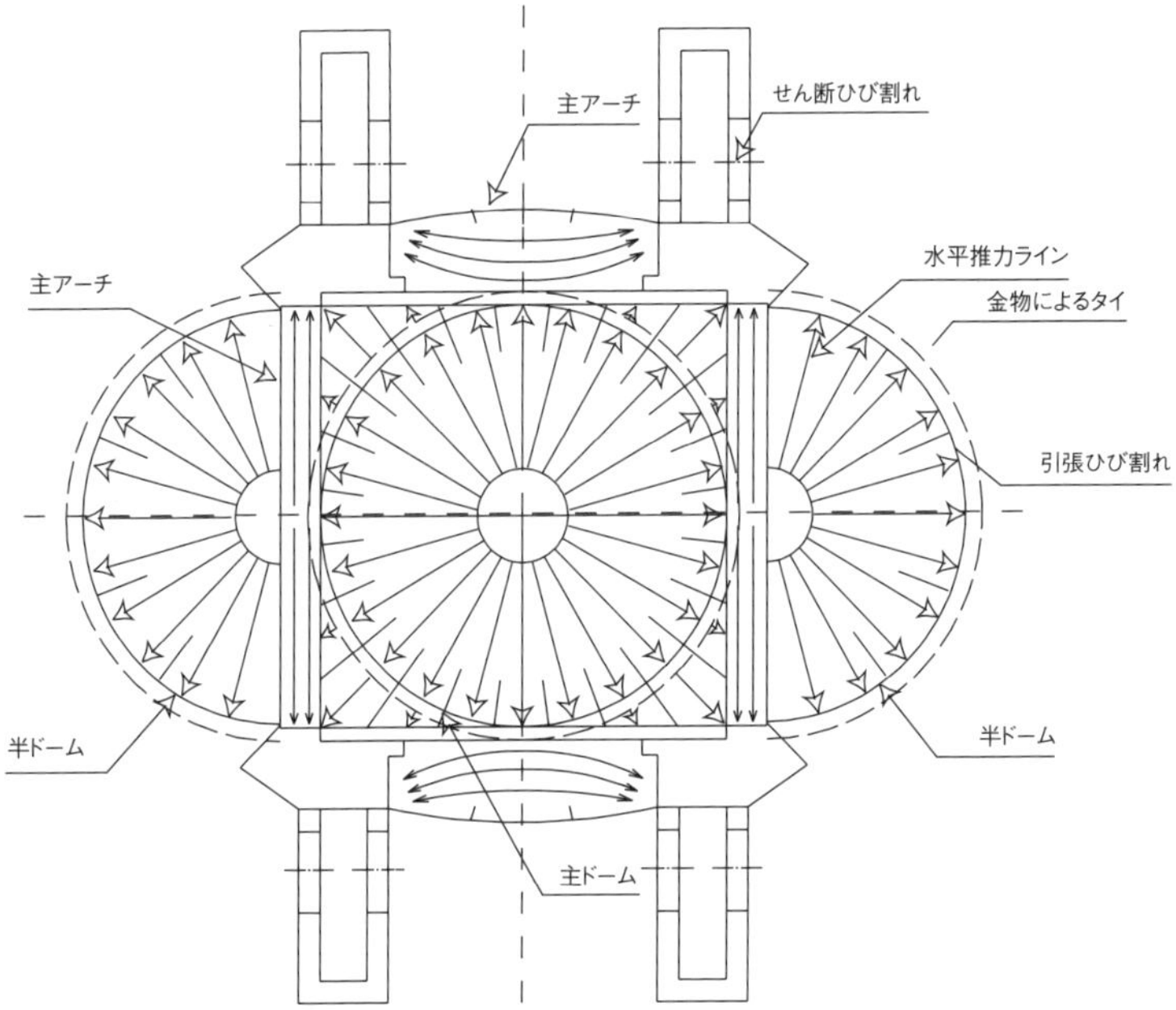

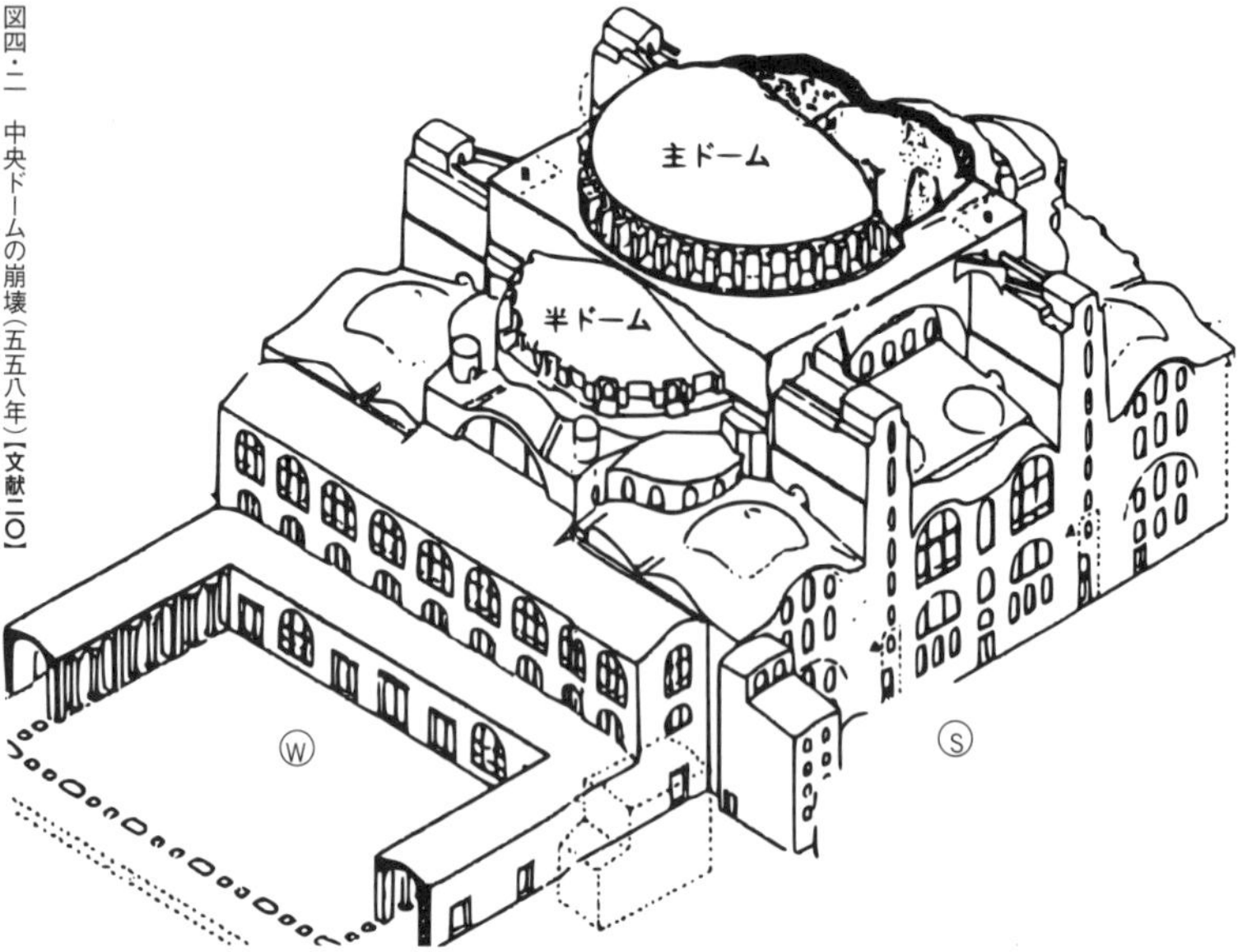

図四・二　中央ドームの崩壊（五五八年）【文献二〇】

ずか二〇年後の五五七年に発生した大地震によってドームがひび割れを生じ、その翌年の五五八年五月七日には中央ドームが崩壊した。このドーム崩壊の原因は、直接的には南北方向の支持が不十分だったことが挙げられるが、間接的には復旧工事が早過ぎ、本来のドームの構造性能が十分に発現されなかったともいわれている。その後五六二年にイシドロスによって再建された中央ドームは、崩壊以前の原型よりライズを六メートル高くし、水平推力を軽減させたドームに改善された。

九八九年一〇月二六日に大地震を受け、西側半ドームとアーチが崩壊した。九八九〜九九五年にかけて西側半ドームが再建された。続いて三五七年後の一三四六年五月一〇日に発生した大地震によって、今度は東側半ドームとアーチが崩壊した。この地震によって再建されたメインドームと西側の半ドーム、アーチが被害を受けなかったのは、変形を起こしやすい煉瓦の代わりに切石積みをより広範囲に用いたり、ドームのベースの周囲に大理石のブロックを鉄のかすがいで接合して構造性能を向上させたことが功を奏したものと考え

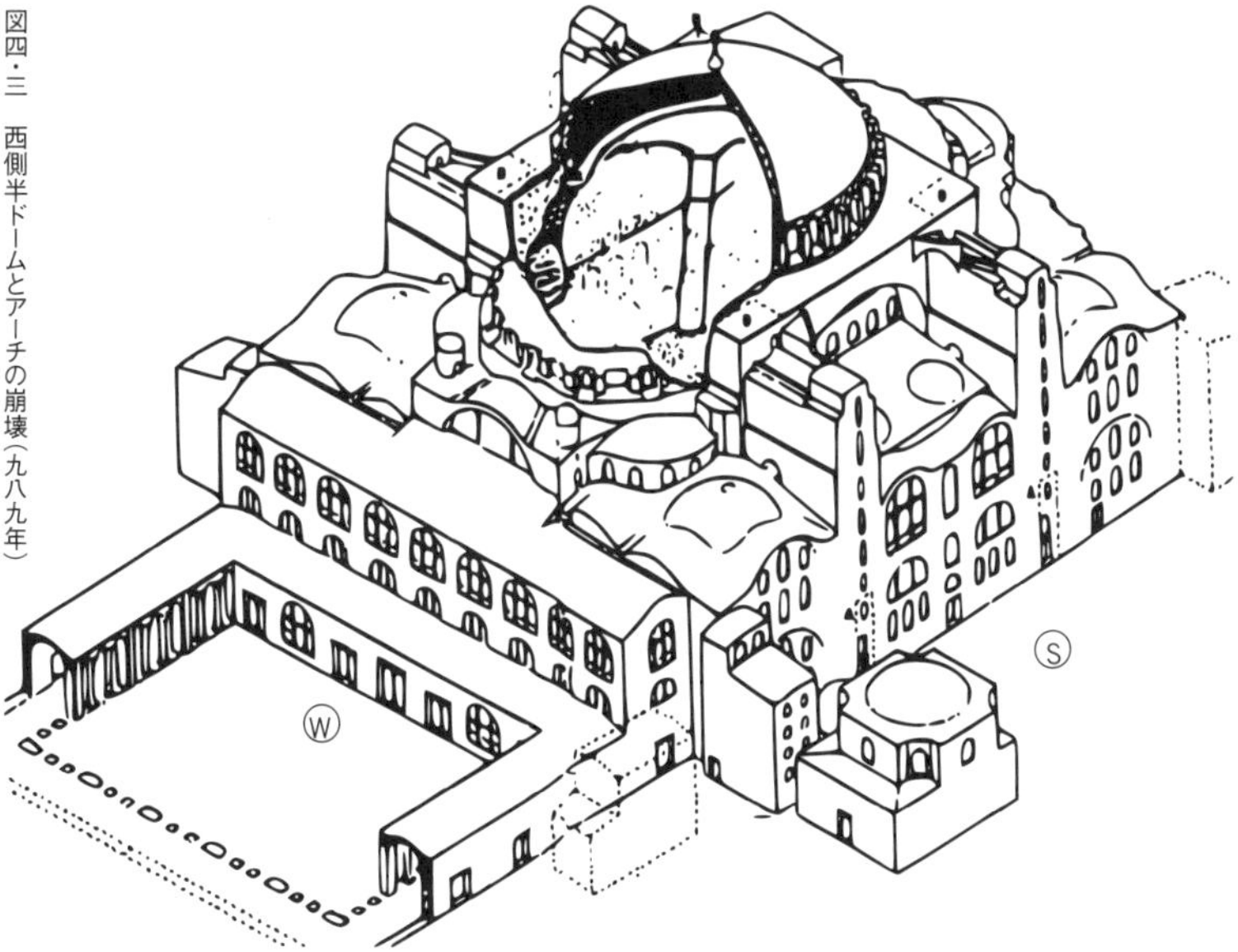

図四・三　西側半ドームとアーチの崩壊（九八九年）

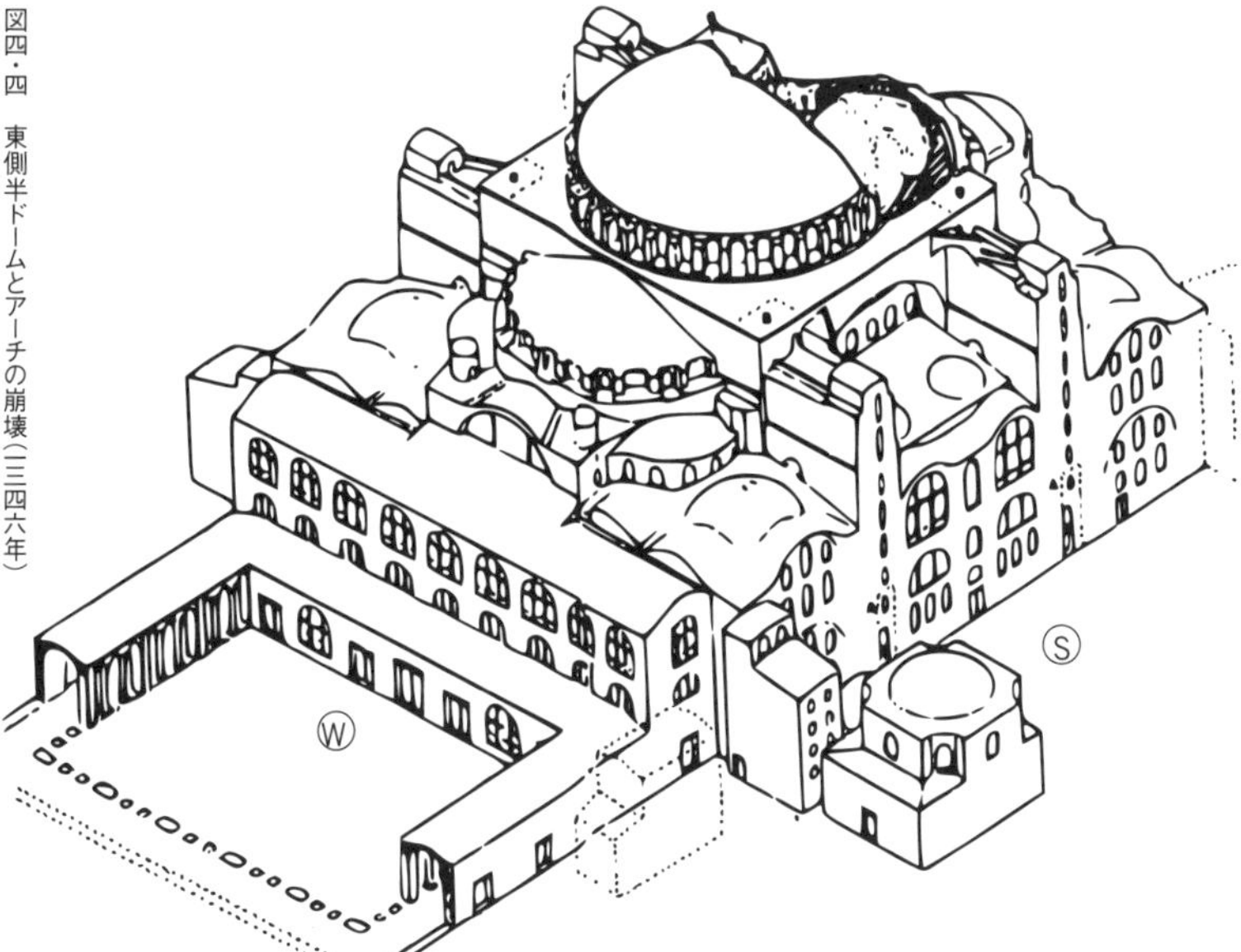

図四・四　東側半ドームとアーチの崩壊（一三四六年）

られる。なお、崩落した半ドームは一三四六～五三年にわたって再建された。ドームの再建後、一三〇〇年の間に定期的に修繕されていたが、中央ドームに作用する水平推力によってベース部近傍において最大引張力が350 kN/m以上作用し、ドームの引張抵抗を超過したために、**図四・一**に示すようにドームの脚部の円周に沿って放射線状にひび割れが発生したと推測される。中央ドームの水平推力をドーム自体によって抵抗できなくなり、南北方向では中央ドームに隣接した半ドームに伝達され、東西方向では四本の支持柱に隣接した開口部を有するバットレスに伝達された。

この伝達された大きな水平力によって、半ドームにおいても脚部に放射状のひび割れが発生するとともに、バットレスに設けられた開口部の上部においてせん断破壊[*1]が生じた。したがって、一八四七～四九年においてスイスの建築家ガスパーレ・フォッサーティとジュゼッペ・フォッサーティによって、中央ドームおよび半ドームの起点位置で鉄材のタイロッドを使用し、ドームの外側の水平推力をドーム内に閉じ込めようとした最後の大修繕工事が施工された。

＊1　壁に斜めに生じたひび割れの進展による破壊

サン・ピエトロ大聖堂におけるドーム

サン・ピエトロ大聖堂は頂部にランタンをもち、開口部を有した厚肉の円筒状のド

*2　ドームの抵抗する仕組み

ラムの上に煉瓦による組積造のドームによって構成されている。ドームは内法スパン四二メートル、基部からの内法高さ二七メートルの形状をもち、基部から一四メートルの位置まで中実の煉瓦造からなり、それ以上では中空の二重シェル構造により形成されている。本ドームは、サンタ・マリア・デル・フィオーレ大聖堂の八角形ドームと内法スパンはほとんど変わらないが、内法高さは一〇メートル低く、厚さも薄く建造されているので、構造的には簡略化と軽量化が図られている。

ドームの完成後一〇〇年余りを経て、**図四・五**に示されているようにドームの基点近傍に放射状のひび割れと円周上のひび割れが発生した。前者はリング状に作用する引張力が煉瓦の引張強度を超過したために生じたもので、後者はその後抵抗機構[*2]がシェル構造からひび割れ間に形成されるスケルトン構造システムに移行し、その結果作用する大きな面外応力(曲げモーメント)によって生じたものと考えられる。ドームに発生したひび割れがこれ以上進行するとドームの崩壊が案じられ、一七四三年、法王ベネディクトXIV世が三人の数学者にその安全性の検討と対策に関する調査を依頼した。

彼らは入念にひび割れの形成を観察し、**図四・六**に示すようなドームの崩壊形を仮定し、水平推力によるドームの基点【I−H部分】の外側への水平移動量から円周上の締付けのためにリング方向力として約11,000kNが必要であり、これに対応するためにタイ材が必要であることを報告した。この解析結果は、どのような解析手法を適用したか

図四・五　サン・ピエトロ大聖堂におけるひび割れ発生状況【文献四】

は別として、ひび割れ発生以降にドームに作用する引張力として正しい結果が科学的手法によって導き出されたものであり、画期的であった。

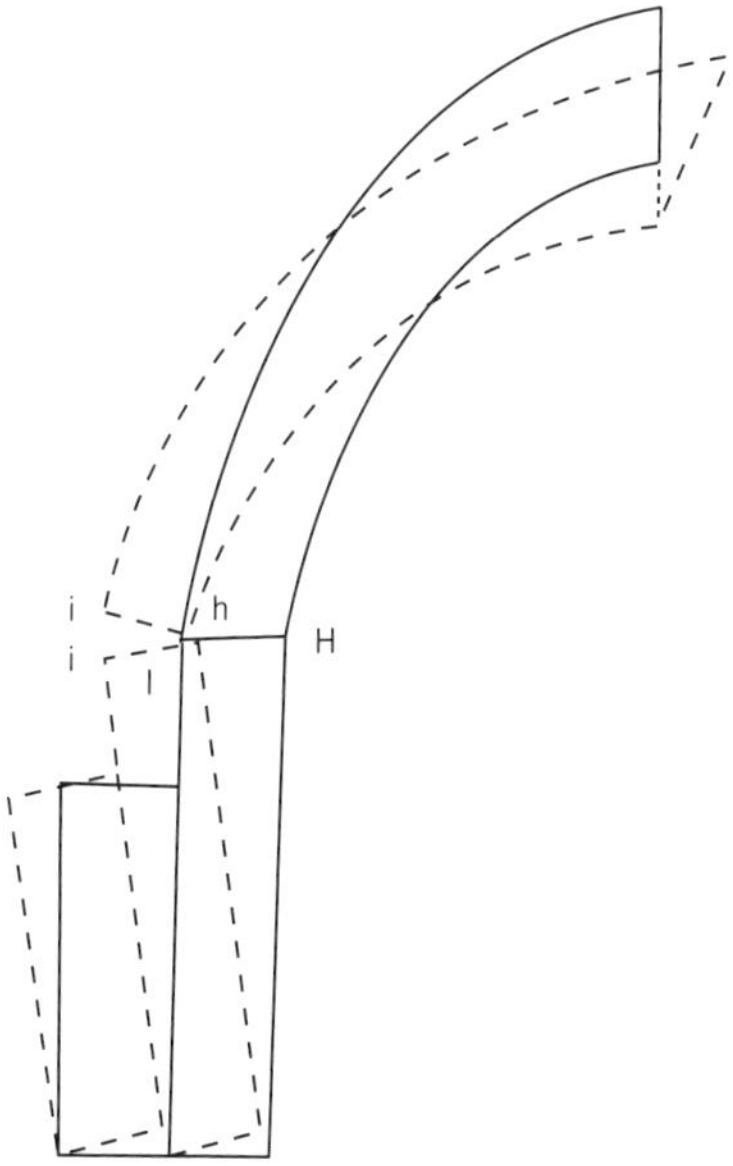

図四・六　ドームの崩壊形

この報告結果に基づき、一七四三〜四四年の二年間において建造中のドームに埋め込まれた二本の鉄鎖に加えて、さらに五本の鉄製のタイ材がルイジ・ヴァンヴィテルツによって補強された。

代表的なドームの損壊と補修

ハギア・ソフィア大聖堂やサン・ピエトロ大聖堂に架けられたドームが大地震を受けて崩壊したり、大きな水平推力の作用によって放射状のひび割れがドームの基部近

表四・一　主要なドームの損壊および補修状況

建築名	年代	損壊状態	原因	補修・補強
パンテオン(ローマ)	1747 1927	ひび割れ ひび割れ	乾燥収縮 温度変化	修復 補強
ハギア・ソフィア	562 989〜995 1346〜1353 1847〜1849	崩壊 崩落 崩落	大地震 〃 〃	再建 〃 〃 全面補修
サンタ・マリア・デル・フィオーレ	不明	垂直方向のひび割れ	温度変化による膨張および収縮	鉄製のタイ材による補強
サン・ピエトロ	1743〜1744	曲げひび割れ 放射状ひび割れ	大きな水平推力の作用	鉄製のタイ材5本による追加補強
サント・ジェヌヴィエーヴ(パリ)	不明	柱の変形 ひび割れ	支持力不足 水平推力の作用	支持柱の拡大 中殻の鉄製のタイ材による補強
セント・ポール	1914〜1930	ひび割れ	鉄製のかすがいの腐食 地盤の沈下	中殻に数本の鉄鎖を埋め込む 基柱の補強

傍に発生し、鉄製のタイ材によってタガ締めを施すことによってひび割れの進展の防止策を講じ、ドームの保全が行われたことは前述の通りである。

この他の大ドームのローマのパンテオン神殿やサンタ・マリア・デル・フィオーレ大聖堂、またパリのサント・ジェヌヴィエーヴ聖堂やロンドンのセント・ポール大聖堂に架けられたドームにおいても、**表四・一**に示すように大きな水平推力の作用によって半円球形ドームに共通の放射状のひび割れが起点近傍に発生し、これが支持構造物、例えばドラムやアーチ構造に伝播してひび割れによる被害を大きくしているものも見受けられる。このひび割れは、大きな水平推力に起因しているためにひび割れの拡大を防止するために、ドームの基部に鉄製のタイ材を施して、ドームに作用する引張応力度の低減が図られている。

ひび割れには、水平推力による構造ひび割れ以外に、組積みドームにおける長年にわたる温度変化による膨張や収縮の繰返しによって発生する自己ひび割れも含まれている。また、厚肉ドームでは、面内応力以外に面外応力も大きく作用する。サン・ピエトロ大聖堂のように、ドームとドラムの接合面に大きな曲げモーメント[*3]が作用して曲げひび割れの発生が見受けられる。これらのドームに発生したひび割れは、ドームの基部に施された鉄製のタイ材のタガ締めを施すと水平推力を封じ込むことが可能となり、その進展を抑止するための有効な方法であると考えられる。補強用に使用されている鉄製のタイ材は、セント・ポール大聖堂でも見られたように、長期間使用していると錆による劣化現象を生じるので、今後も鉄製のタイ材に対しては補強材の追加が必要になることが推測される。

おわりに

一九世紀初頭まで、新しい構造材料や科学的知識をほとんど持ち得なかった建築家は、過去の経験に依拠して必要以上に重量の大きい安全側のドームを建造した。これらの古代のドームは、ほとんどが教会建築に使用されていたために、後世の礼拝者によって畏敬の対象として取り扱われ、遺産として大事に保存されている。

一方、新しい人工セメントの発明により建造された二〇世紀以後の鉄筋コンクリー

＊3　ドームを曲げようとするモーメント（力×直交距離を表す物理量）をいい、面外応力はその総称を表す

トシェル構造は、コンクリートのみから構成された古代のドームとは異なり、鉄筋による補強によって薄く軽い構造に姿を変え形状も大胆になっている。薄いシェル構造は、長期間使用するとコンクリートの中性化現象*4によって鉄筋の劣化が進行し、予期しない崩壊が起きることも予想される。したがって、適切に保存された古代のドームは、現代の多くのシェル構造よりさらに生き残る可能性が大きいと考えられる。

＊4　コンクリートが外気の二酸化炭素との化学反応によってアルカリ性を消失する科学現象

《参考文献》

(一)S・ギーディオン著、前川道郎・玉腰芳夫訳『建築、その変遷 - 古代ローマの建築空間をめぐって』みすず書房、一九七八年五月
(二)斉藤公男、坪井善昭著「空間構造の歩み」建築雑誌 Vol.101「No.1246」一九八六年五月
(三)ジョン・モスグローブ著、飯田喜四郎・小寺武人監訳『フレッチャー世界建築の歴史—建築・美術・デザインの変遷』西村書店、一九九六年九月
(四)ローランド・J・メインストン著、山本前治・三上祐三訳『構造とその形—アーチから超高層まで』彰国社、一九八八年八月
(五)日本建築学会編『西洋建築史図集(三訂版)』彰国社、二〇〇三年一月
(六)ジョン・ブライアン・ウォード・パーキンズ著、桐敷真次郎訳『ローマ建築「図説世界建築史」第四巻』本の友社、一九九六年四月
(七)シリル・マンゴー著、飯田喜四郎訳『ビザンティン建築「図説建築世界史」第五巻』本の友社、一九九九年一一月
(八)ハンス・エリッヒ・クーバッハ著、飯田喜四郎訳『ロマネスク建築「図説建築世界史」第七巻』本の友社、一九九九年一一月
(九)ピーター・マレー著、桐敷真次郎訳『ルネサンス建築「図説建築世界史」第一〇巻』本の友社、一九九八年九月
(一〇)クリスティアン・ノルベルク・シュルツ著、加藤邦男訳『バロック建築「図説建築世界史」第一一巻』本の友社、二〇〇一年三月
(一一)ジョン・D・ホーグ著、山口章正訳『イスラム建築「図説建築世界史」第六巻』本の友社、二〇〇一年九月
(一二)熊倉洋介、末永航、羽生修二、星和彦、堀内正昭、渡辺道治『西洋建築様式史』美術出版社、一九九九年三月
(一三)秋山桂一『セメント・コンクリートの化学』堀越研究所、一九八四年三月
(一四)陣内秀信『南イタリアへ—地中海都市と文化の旅』講談社現代新書、二〇〇一年四月
(一五)G.Ruggieri, Guide to the PANTHEON,Editoriable Museum S.R.L, Roma, 1990
(一六)K.Girkmann, Flächentragwerke,springer-Verlag, 1963
(一七)Kind-Barkauskas, Kauhsen,Polonyi, Brandt; Concrete Construction Manual'Birkhauser-Publishers for Architecture, 2002
(一八)Alain Erlande-Brandenburg『The Cathedral of the Middle Ages, Thames & Hudson, 1995
(一九)Rowland J. Mainstone, HAGIA SOPHIA, Thames & Hudson, 1988
(二〇)ハギア・ソフィア学術調査団『研究成果報告会報告集』二〇〇一年三月
(二一)日高健一郎・佐藤達生編『ハギア・ソフィア大聖堂学術調査報告書』中央公論美術出版、二〇〇四年八月

付録1

球形シェルの膜理論による応力解析

(1) 基本式の誘導

半球形シェルにおいて、**付図1**に示すように放射線方向に微小角$d\theta$を形成する2本の経線と円周方向に微小角$d\phi$を形成する2本の緯度線によってできる微小要素を取り出す。この要素には、表面力としてX、Y、Zが作用すると考えると、面内力として放射線方向応力N_ϕと円周方向応力N_θが生じる。この面内応力N_ϕ、N_θと法線方向面内力Zとの釣合い条件式は、**付図1**から次式のように書き表せる。

$$N_\theta \cdot a\sin d\theta d\phi + N_\phi r_0 d\theta d\phi + Z r_0 a d\theta d\phi = 0 \cdots\cdots (1)$$

この式において、$r_0 = a\sin\phi$の関係を用いると、次式のように書き改められる。

$$\frac{1}{a}\left(N_\theta + N_\phi\right) = -Z \quad \cdots\cdots \quad (2)$$

付図2に示すように、ϕから上部の球面にわたって作用する全荷重P_ϕと緯度線方向応力N_ϕの関係は、次式のように表せる。

$$P_\phi + N_\theta \sin\phi \times 2\pi r_0 = 0$$

これよりN_ϕは次式のようにP_ϕによって書き表せる。

$$N_\phi = \frac{P_\phi}{\pi r_0 \sin\phi} \quad \cdots\cdots (3)$$

(2) 曲面に分布荷重が作用した球形シェル

半円球形シェルの中央面において、単位面積当りの集中荷重qが**付図3**に示すように、垂直軸から角度ϕの位置に作用すると、その3方向の荷重成分X、Y、Zは、次式のように表せる。

$$X = 0、Y = q\sin\phi、Z = q\cos\phi \cdots\cdots (4)$$

垂直軸から角度ϕをもつ球面(角度ϕの上部の球面)の表面積S_ϕは、次式に

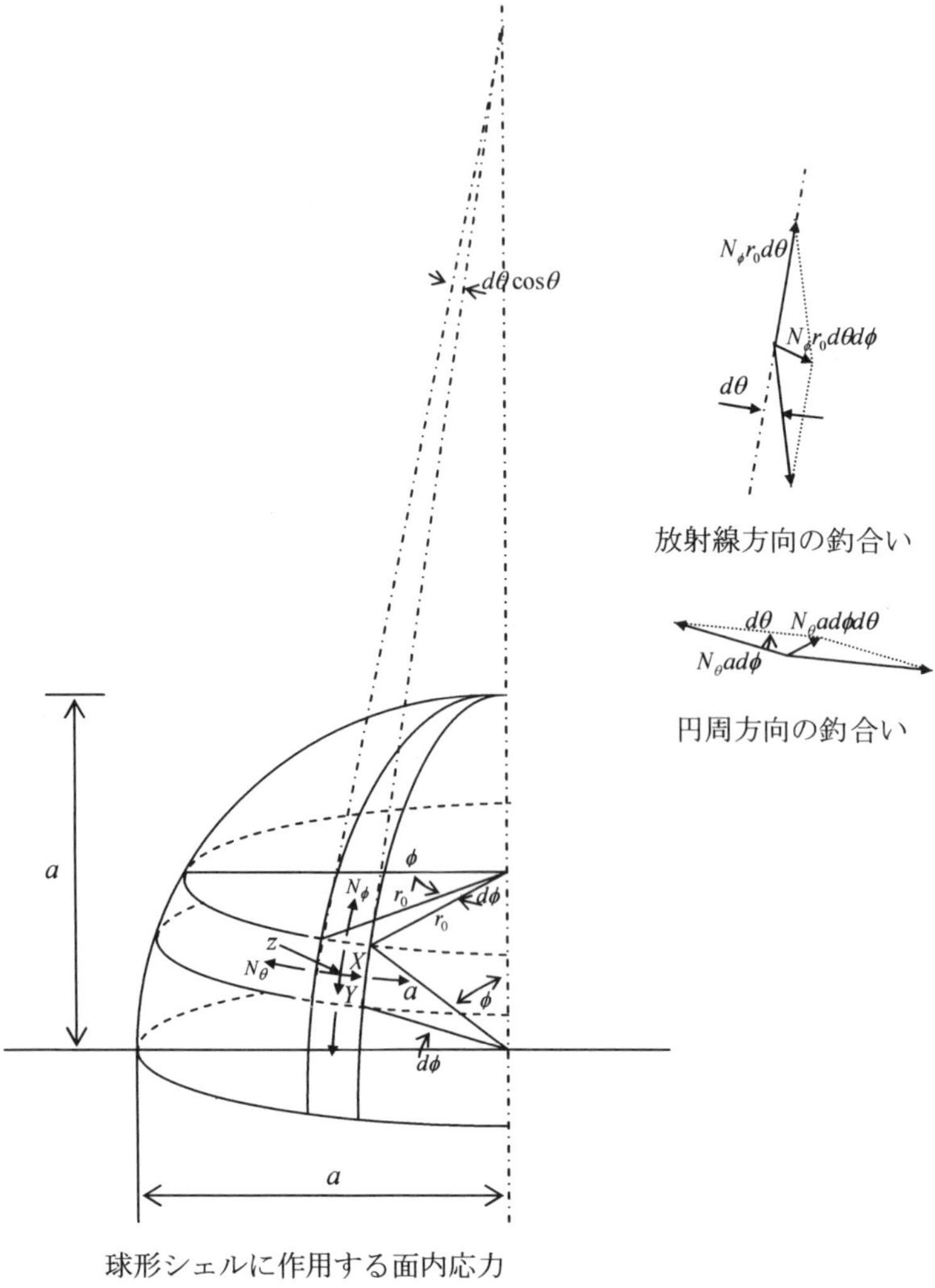

付図1　球形シェルに作用する面内応力と釣合い

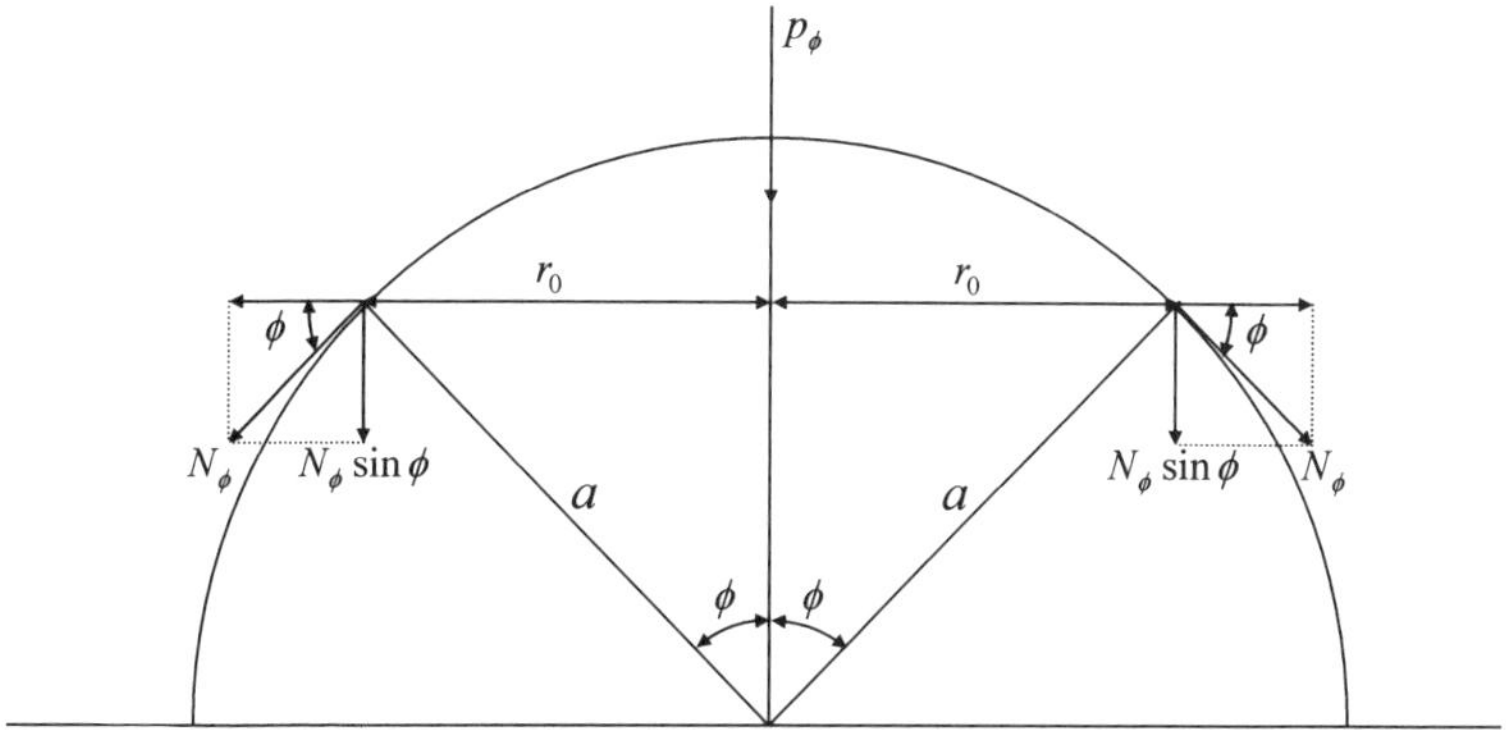

付図2　集中荷重と緯度線方向応力の関係

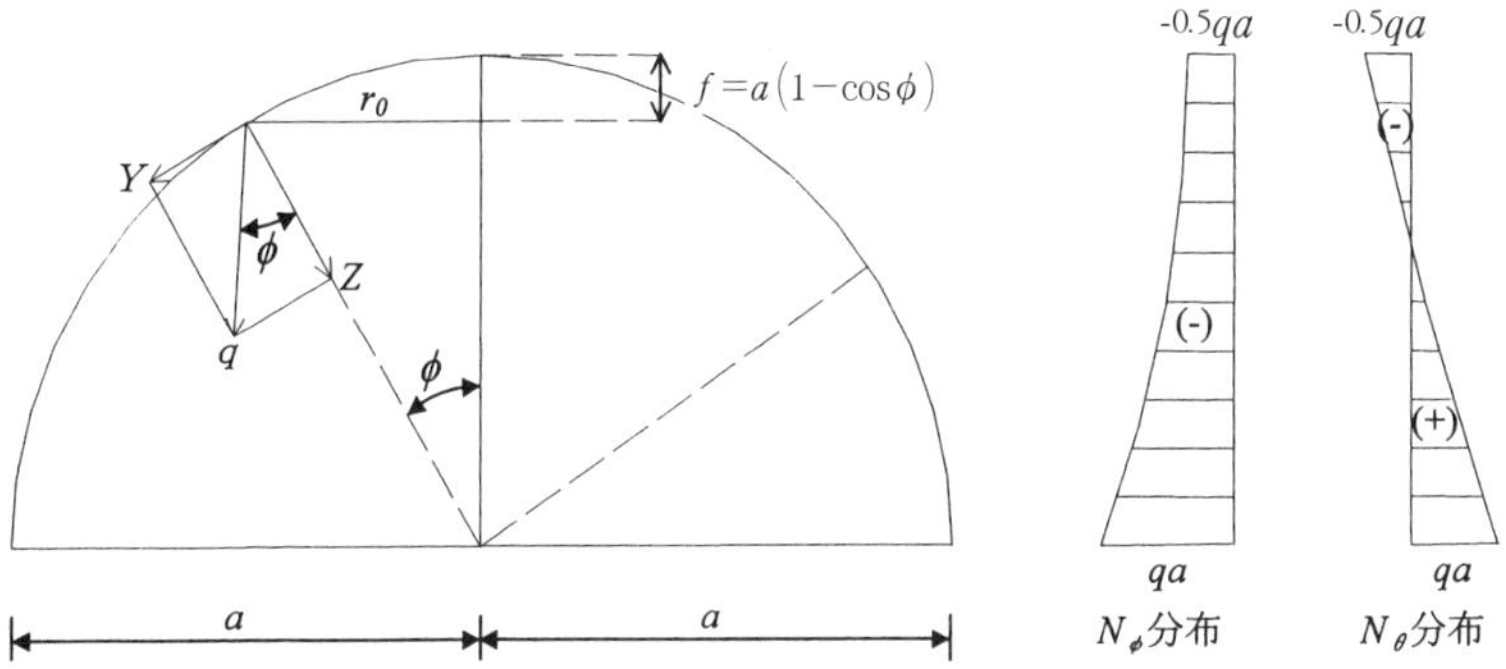

付図3　集中荷重を受けた球形シェル

よって与えられる。

$$S_\phi = \int_0^\phi 2\pi a^2 \sin\phi d\phi = 2\pi a^2 (1-\cos\phi) \cdots\cdots (5)$$

ここで a は球面の半径

これより、この球面に作用する全荷重 P_ϕ は、(5)式を用いると次式のように表せる。

$$P_\phi = q \times S_\phi = 2\pi q a^2 (1-\cos\phi) \cdots\cdots (6)$$

(6)式を(3)式に代入すると、経線方向の応力 N_ϕ は次式のように得られる。

$$N_\phi = -\frac{2\pi q a^2 (1-\cos\phi)}{2\pi r_0 \sin\phi} \cdots\cdots (7a)$$

$r_0 = a\sin\phi$ の関係を用いると、(7a)式は次式のように書き改められる。

$$N_\phi = -qa\frac{(1-\cos\phi)}{\sin^2\phi} = -\frac{qa}{1+\cos\phi} \cdots\cdots (7b)$$

(2)式に(4)式および(7b)式を代入すると、緯度線方向の面内応力 N_θ が次式のように導かれる。

$$N_\phi = -qa\left(\cos\phi \frac{1}{1+\cos\phi}\right) \cdots\cdots (8)$$

これより、(7b)式および(8)式から、面内応力 N_ϕ および N_θ は、$\phi=0$(球面シェルの頂点)では、

$$N_\phi = N_\theta = -\frac{1}{2}qa$$

また、$\phi = \frac{\pi}{2}$ (球面シェルの起点)では、

$$N_\phi = -qa \text{、} N_\theta = +qa$$

の結果が得られる。

N_θ が圧縮から引張に遷移する角度 ϕ は、(8)式において $N_\theta=0$ とおいて、51°49′として計算される。これより、(7b)および(8)式から、N_ϕ と N_θ の分布を描くと**付図3**のように得られる。

(3) 等分布荷重が作用した球形シェルの応力

球形シェルに等分布荷重wが作用すると、その荷重成分は**付図4**から次式のように表せる。

$X=0$、$Y=w\sin\phi\cos\phi$、$Z=w\cos^2\phi$ ……(9)

垂直軸から角度ϕの上部の球面に作用する等分布荷重の全荷重P_ϕは、次式によって与えられる。

$P_\phi=w\times\pi r_0{}^2=wa^2\pi\sin^2\phi$……(10)

(3)式に(10)式を代入すると、経線方向の面内応力N_ϕは次式のように表せる。

$$N_\phi=-\frac{\mathrm{w}a^2\pi\sin^2\phi}{2\pi a\sin^2\phi}=-\frac{1}{2}w\cdot a \quad\cdots\cdots(11)$$

(9)式および(11)式を(2)式に代入すると、緯度線方向の面内応力N_ϕは次式のように導かれる。

$$N_\phi=-\frac{1}{2}w\cdot a\cos2\phi\cdots\cdots(12)$$

垂直軸からの角度ϕが0のとき(球形シェルの頂点)、面内応力は(11)および(12)式から次のように算出される。

$$N_\phi=N_\theta=-\frac{1}{2}w\cdot a$$

また、角度$\phi=\dfrac{\pi}{2}$のとき(半球形シェルの起点)、面内応力は次のように算出される。

$$N_\phi=-\frac{1}{2}w\cdot a\text{、}N_\theta=+\frac{1}{2}w\cdot a$$

N_θが0になるときの角度$\phi=45°$に対応する面内応力N_ϕおよびN_θの分布を**付図4**に示した。

(4) 頂部に開口部を有する球形シェル

ドームの自重をwとすると、ドームの子午線方向、垂直接線方向および法線方向の表面力X、Y、Zは次式のように表せる。

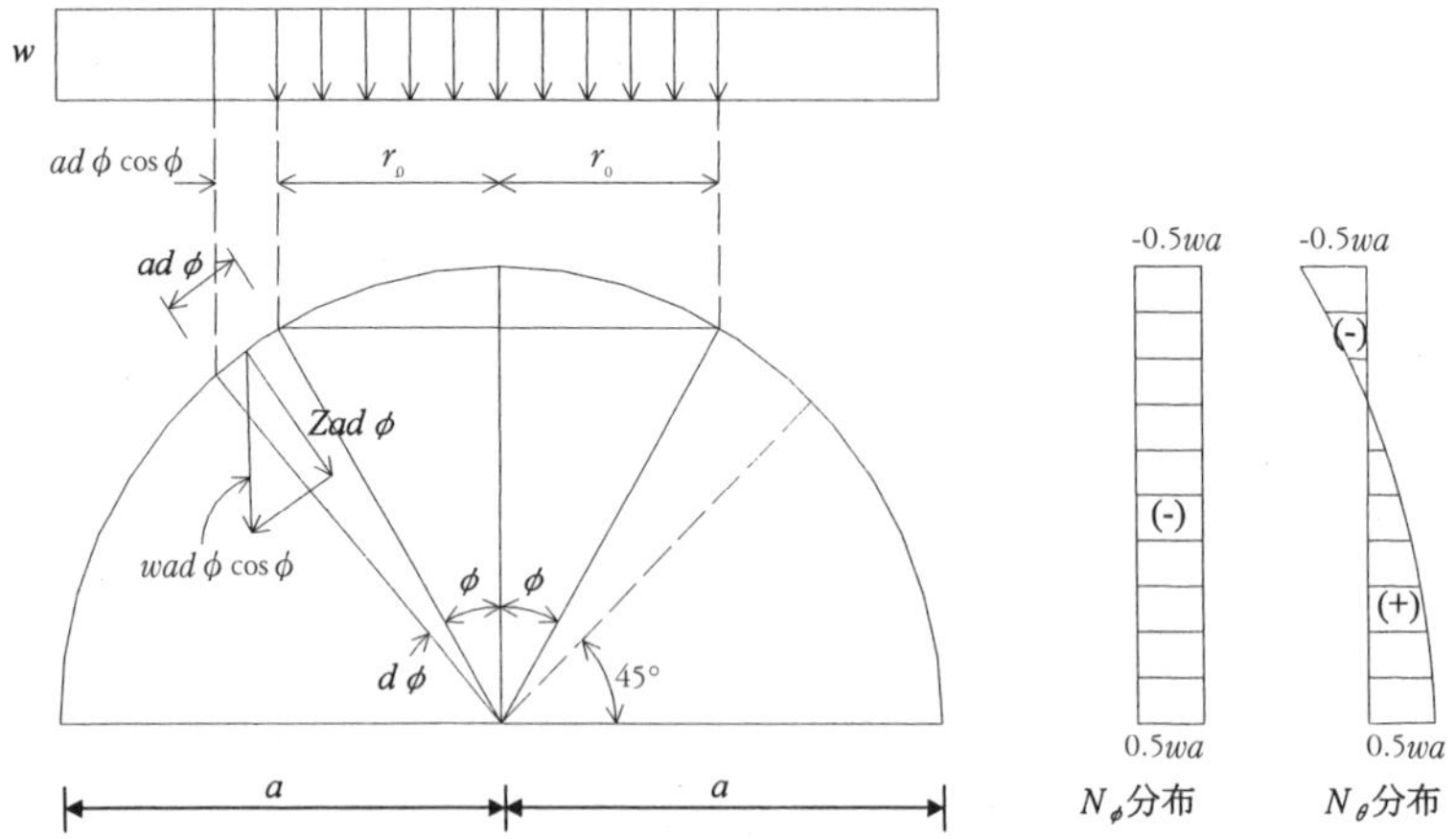

付図4　等分布荷重を受けた球形シェルに作用する面内応力

$X=0$、$Y=w\sin\phi$、$Z=\cos\phi$ ……(13)

垂直軸から角度ϕと($\phi+d\phi$)の間に形成される半径r(=$a\sin\phi$)の円周方向の帯状表面に作用する荷重dpは、**付図5**から次式のように導かれる。

$$dp=2\pi rwd\phi=2\pi wa^2\sin\phi d\phi$$

この式を用いると、角度αからϕまでのドーム面に作用する全荷重pは、開口部周辺に作用する荷重$2\pi wa\sin\alpha$を考慮すると、次式によって表される。

$$p=\int_\alpha^\phi 2\pi wa^2\sin\phi d\phi+2\pi wa\sin\alpha$$
$$=2\pi wa^2(\cos\alpha-\cos\phi)+\pi wa\sin\alpha \quad \cdots\cdots(14)$$

(14)式において、$r=a\sin\phi$の関係を用いると、角度ϕの任意断面に作用する経線方向の軸方向応力N_ϕは次のように導かれる。

$$N_\phi=-\frac{p}{2\pi a\sin^2\phi}=-\frac{1}{\sin^2\phi}\left[wa(\cos\alpha-\cos\phi)+W\sin\alpha\right] \quad \cdots\cdots(15)$$

また、緯度線方向の軸方向応力N_θは、$N_\theta=\left(z+\dfrac{N_\phi}{a}\right)$の関係と(13)および(15)式を用いると、次式のように表される。

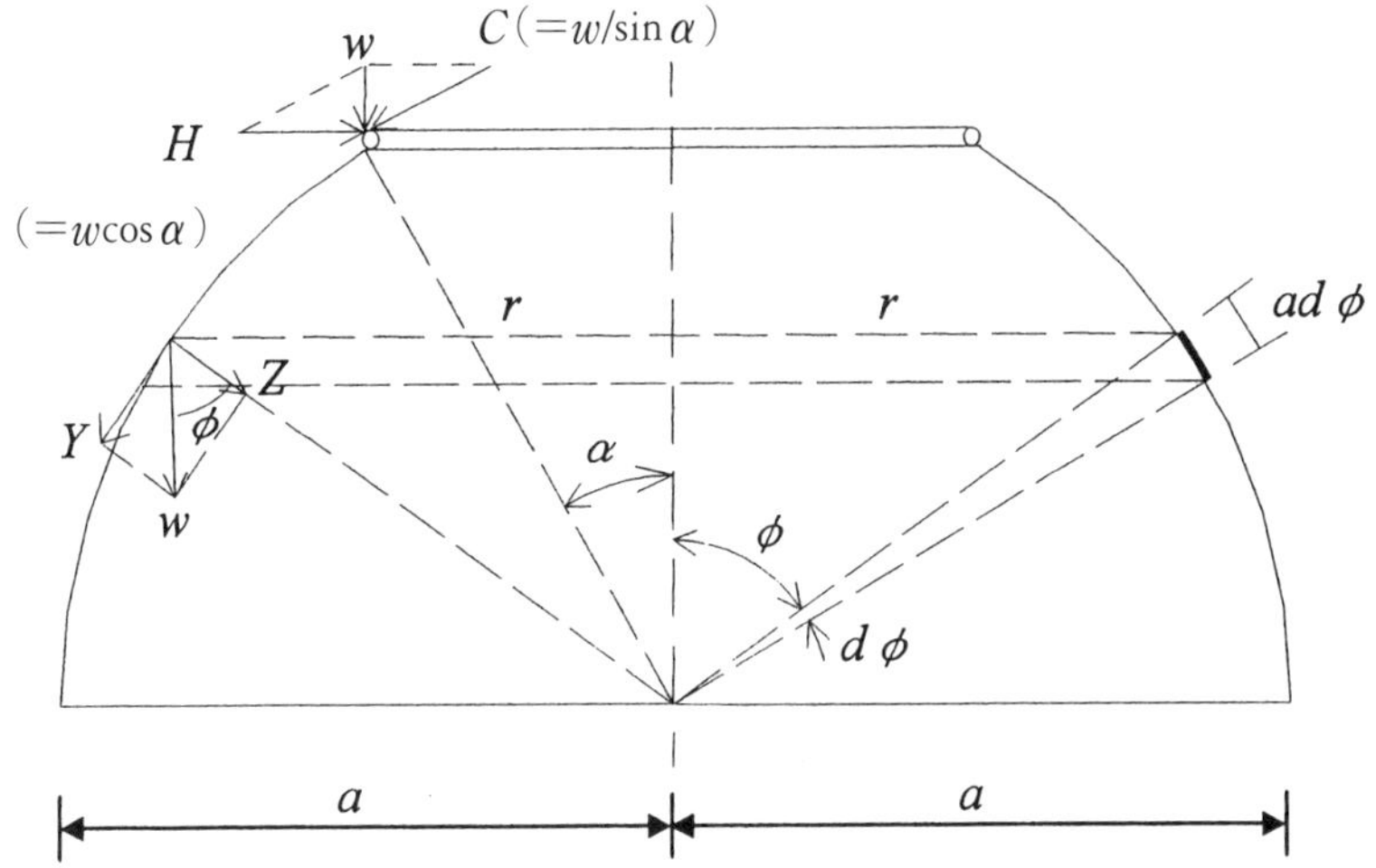

付図5　頂部に開口をもつ球形シェル

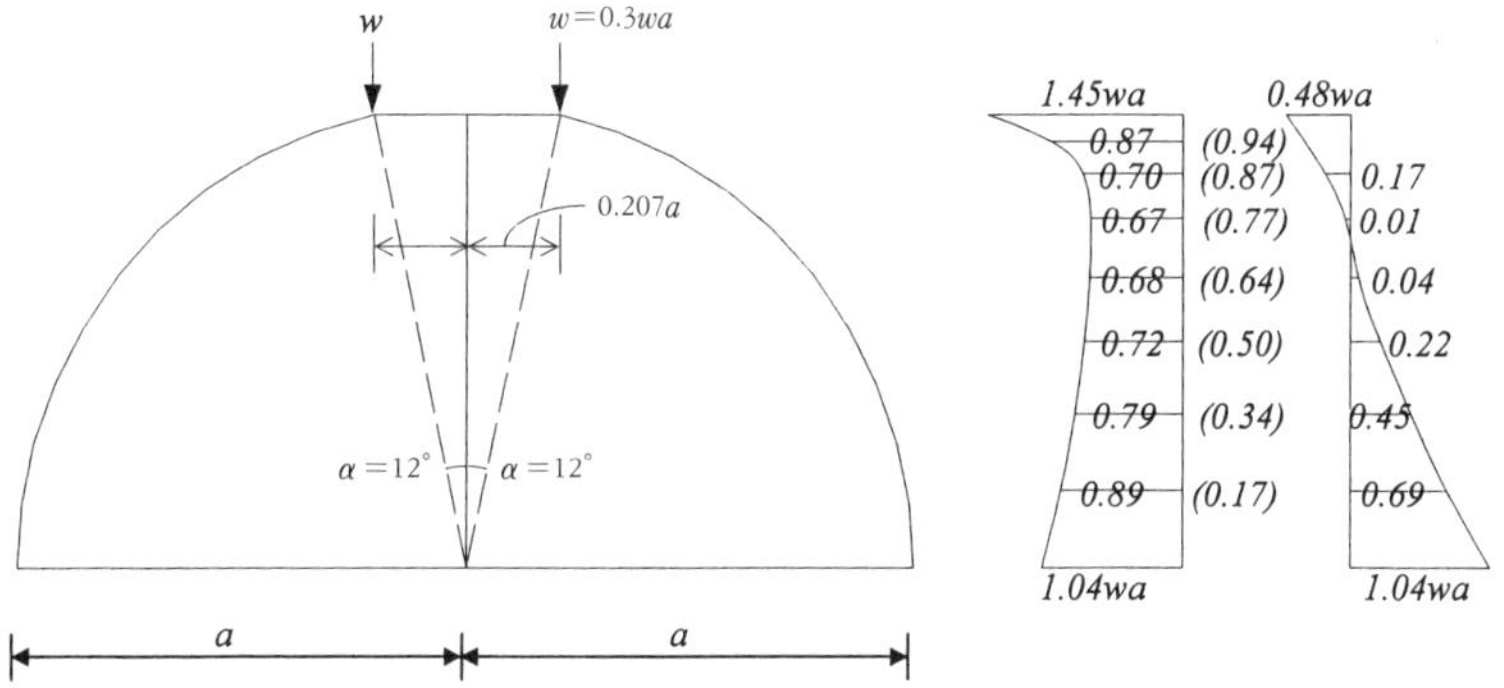

付図6　頂部に開口をもつ球形シェルに作用する面内応力

$$N_\phi = \frac{1}{\sin^2\phi}\left[wa(\cos\alpha - \cos\phi) + W\sin\alpha\right] - wa\cos\phi \cdots\cdots(16)$$

得られた(15)式および(16)式を用いて、$W = 0.3wa$と仮定し、ドームの半径$a = \frac{43.5}{2}$ mおよび開口部の開角$\alpha = 12°$に対するN_ϕとN_θの分布を求めると、**付図6**のように描かれる。

(5)ドームに作用する水平推力と引張力の関係

ドームの基部に作用する水平推力をドーム自体で抵抗できるか、またはドーム自体では負担できず、支持ドラムによって抵抗させるかを解析するとき、ドームに作用する水平推力によって生じる引張力を計算しなければならない。

今、**付図7**に示すように、半径aをもつリングに沿って水平推力H_sが一様に作用するとき、リング内に作用する引張力T_aは、Y軸から角度θの微小円弧$ad\theta$に作用する水平推力$H_s ad\theta$の方向成分$H_s \cdot ad\theta \cdot \sin\theta$が1/4円に作用する合力に等しくなる。したがって、次式が成り立つ。

$$T_a = \int_0^{\pi/2} H_s \cdot a\sin\theta d\theta = H_s \cdot a$$

これより、リングに作用する引張力は、水平推力に半径aを乗じることによって計算される。

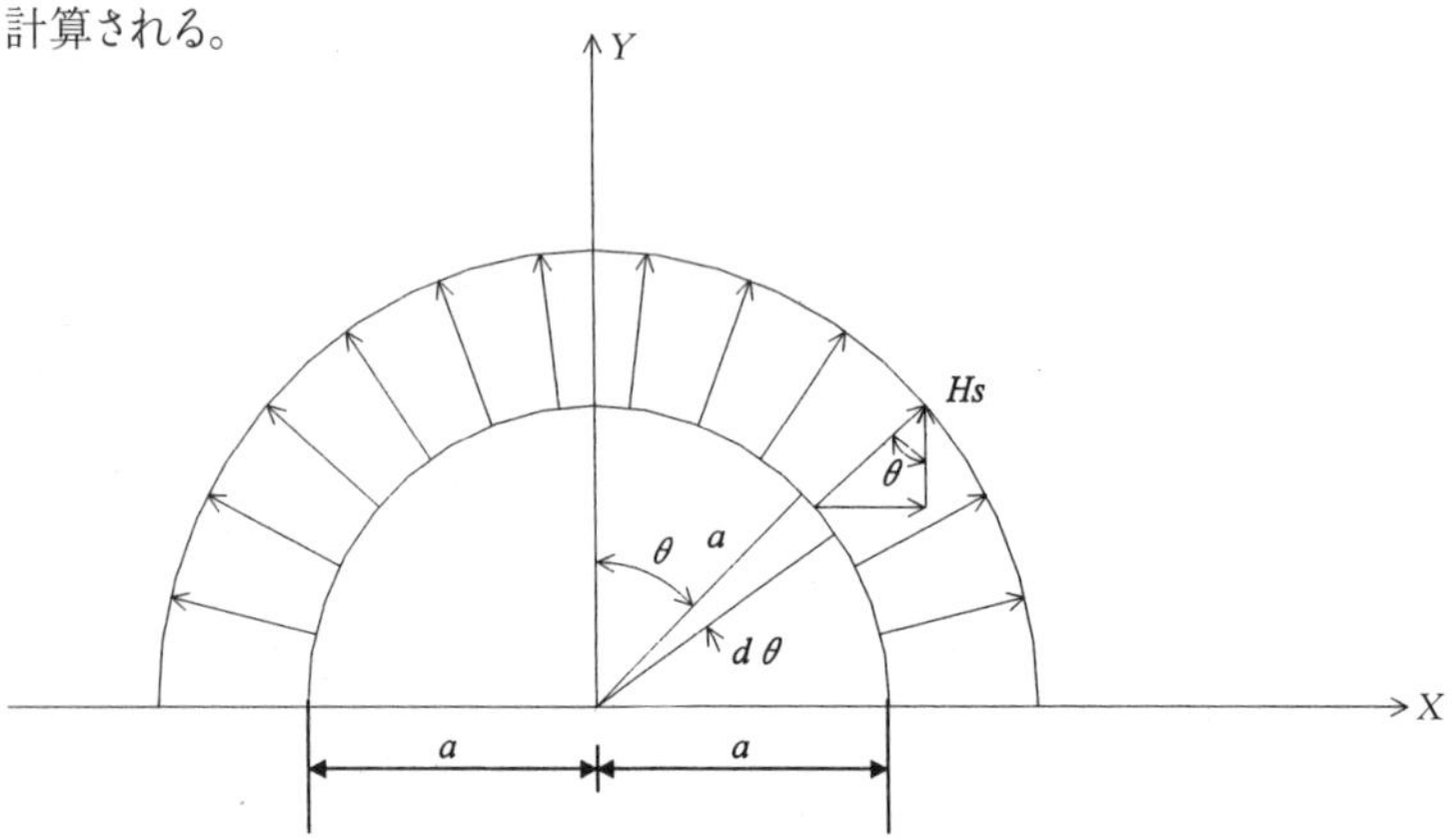

付図7　リングに作用する水平推力と引張力の関係

付録2

古代煉瓦の材料特性

中国西安市に649年建設された大雁塔は、7層から構成され、高さ64.5mを有する組積造で、過去に震度7クラス以上の大地震に2度も見舞われたが、煉瓦の表面にひび割れが全く見受けられないほど優れた耐震性能を有している。このような大地震を受けても壊れなかった理由を調査するために、西安交通大学と1996年に共同研究を行った。その時、実験から得られた煉瓦の材料特性は、イタリア、フランス、イギリス等で当時使用された古代ドームの煉瓦の材料特性に類似していると推測されるので、以下にその一部を述べる。

(1) 煉瓦の材料特性

使用した煉瓦は、当時製造されたものと同じ手法によってつくられ、それを日本に送ってもらい、材料試験を行った。煉瓦の大きさは、幅×高さ×長さ=225×119×450㎜で、比重は16.0 N/mm^{2}である。煉瓦の圧縮および曲げ試験を行い、これより得られた圧縮強度および曲げ強度のヒストグラムをそれぞれ**付図8**および**付図9**に示した。これより、平均圧縮強度$\overline{\sigma}_B$および平均曲げ強度$\overline{\sigma}_M$は、$\overline{\sigma}_B=8.0$ N/mm^2、$\overline{\sigma}_M=1.6$ N/mm^{2}であった。この結果と修正モール・クーロンのコンクリート破壊基準を用いると、煉瓦の引張強度は煉瓦の内部摩擦角$\phi=55°$の仮定によって、$\sigma_t=(1-\sin\phi)\,\overline{\sigma}_B/(1+\sin\phi)=0.8$N/mm^{2}の値が算出される。

(2) 煉瓦構造の応力伝達能力

煉瓦構造物において、煉瓦はモルタル目地によって互いに接合され、一体構造になる。したがって、鉛直および水平方向荷重を受けると、面内および面外の応力は目地を介して隣接した煉瓦に伝達される。この煉瓦構造の応力伝達能力は、目地の厚さと目地の設置の方法(例えば、イモ目地とかウマ目地)によって大きな影響を受ける。

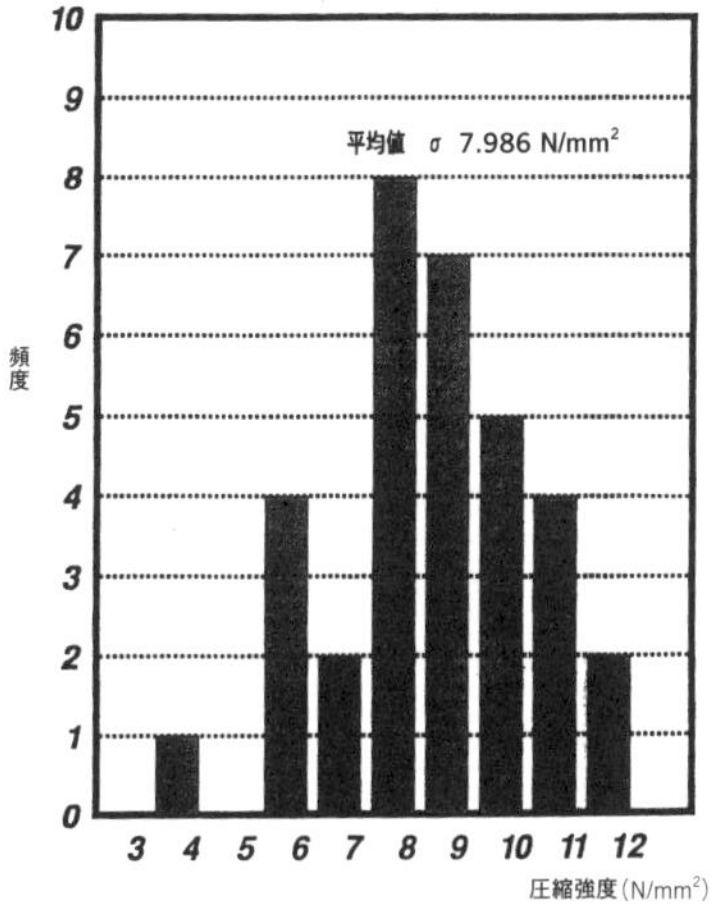

付図8　古代煉瓦の圧縮強度ヒストグラム

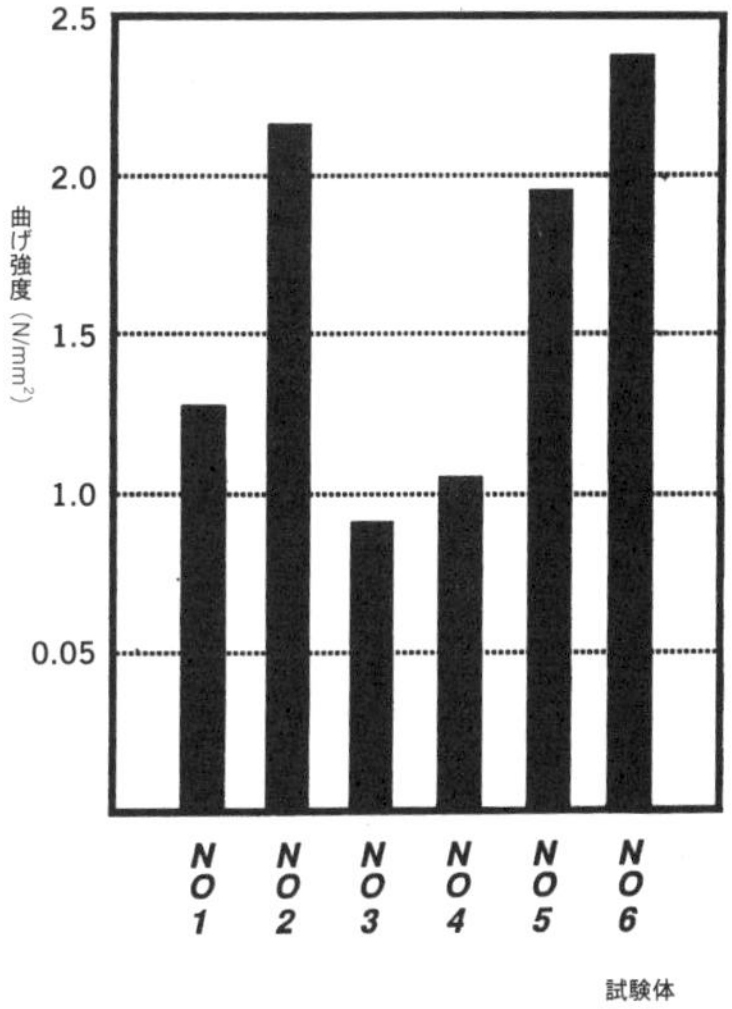

付図9　古代煉瓦の曲げ強度

ここでは、**付図10**に示すように煉瓦を2段積みとして、その間にモルタルを施して煉瓦の上側と下側にコンクリート・スタブを付設した煉瓦造試験体を用いて、直接せん断実験を行い目地のせん断伝達能力を調べた。目地の厚さは5mm(大雁塔の目地厚)と10mmの2タイプとし、また目地の形状もイモ目地とウマ目地の2タイプとした。この実験から得られた荷重(せん断力)および目地の水平変位(すべり変位)の関係を**付図11**に示した。この図には、目地厚10mm—イモ目地(I-10)、目地厚5mm—イモ目地(I-5)、目地厚5mm—ウマ目地(U-5)の3体の結果がプロットされている。これより、(I-10)試験体の最大荷重は、(I-5)試験体の最大荷重の約2倍、また(I-5)試験体の最大荷重は、(U-5)試験体の最大荷重の約2倍となっていることが認められる。この結果から、目地は厚くするとせん断伝達能力が向上し、イモ目地はウマ目地より有効であることも認められる。また、最大荷重以降の耐力は減少し、一定した値(残存耐力)になる。この残存耐力は、煉瓦間のせん断摩擦効果によって発現していることも見受けられる。

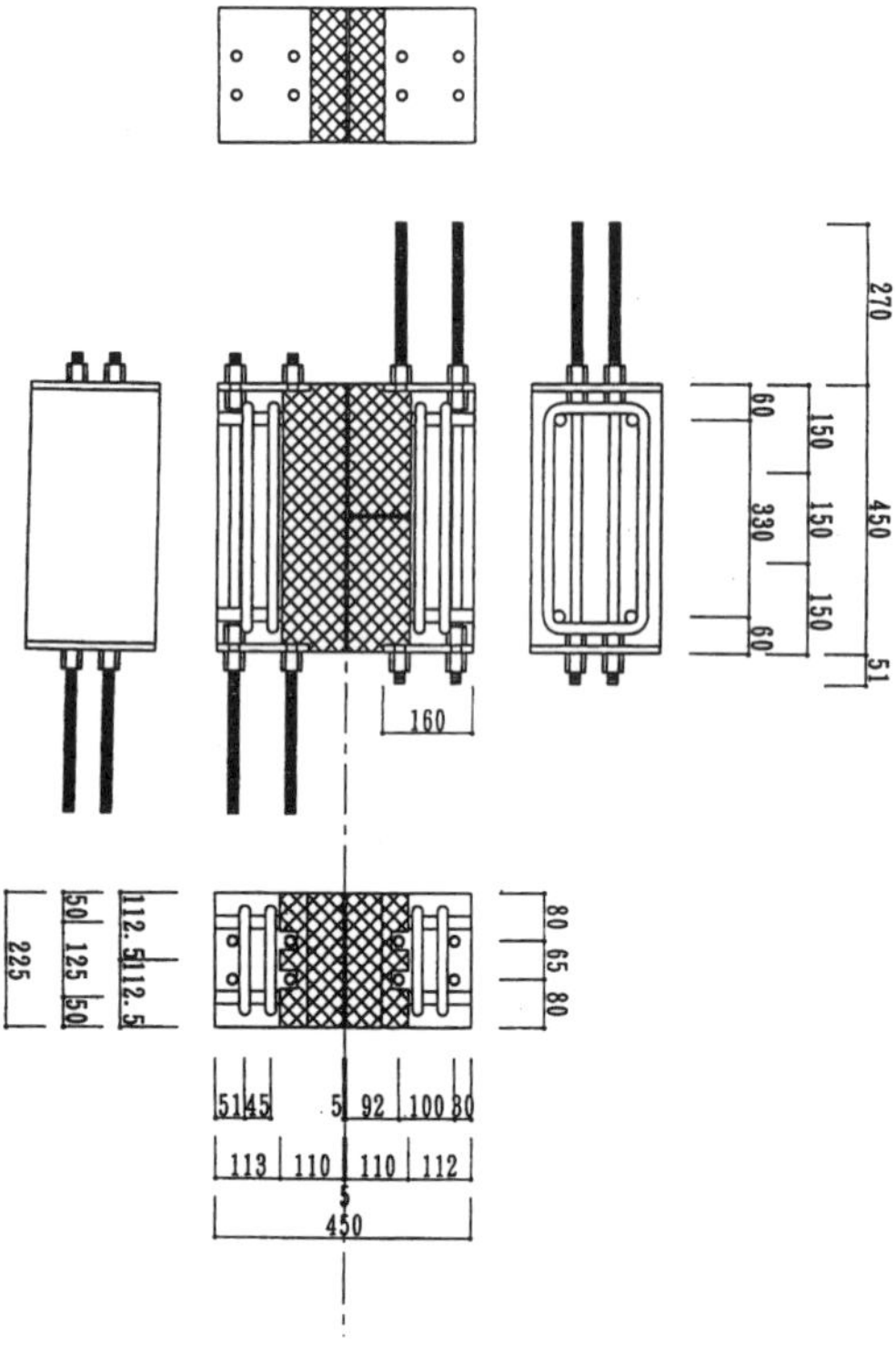

付図10　直接せん断実験用試験体詳細図

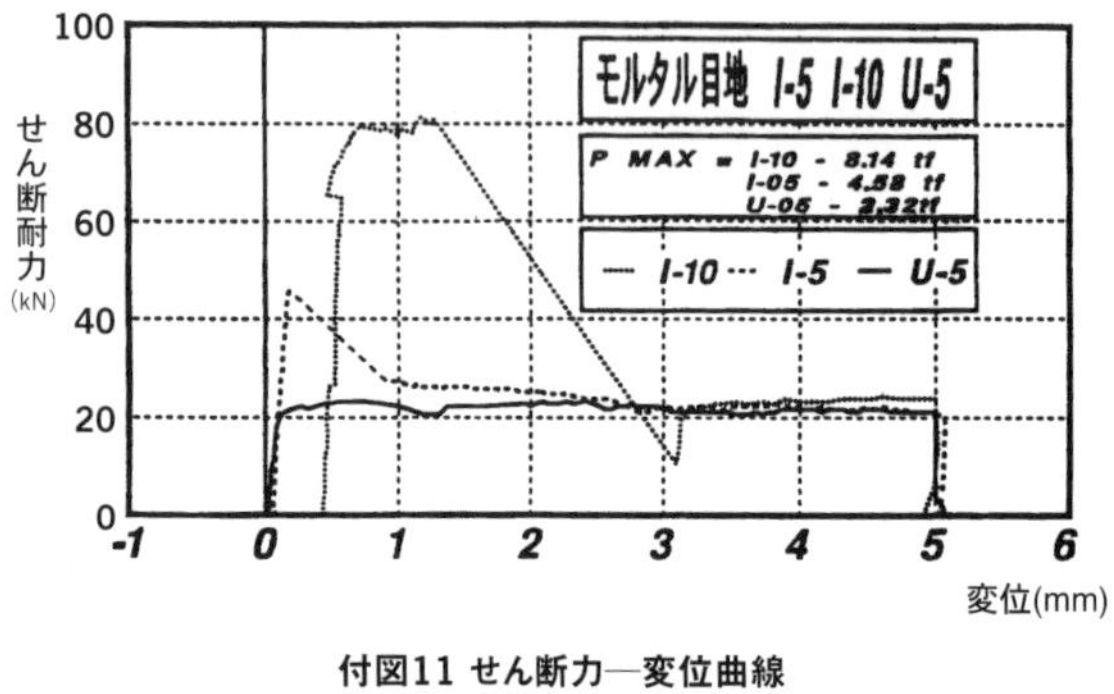

付図11 せん断力—変位曲線

著者・槇谷榮次《まきたに・えいじ》

一九六一年　早稲田大学第一理工学部建築学科卒業
一九七三年　工学博士
一九七四年　アメリカ・コロンビア大学客員研究員
一九七七年　関東学院大学工学部教授
一九九六年　中国合肥工業大学客員教授兼務。現在に至る

主な著書

『鉄筋コンクリート構造の設計』森北出版
『図解建築構造力学の学び方』オーム社
『新・固定モーメント法によるらくらく水平応力解析』建築技術
『はじめてのコンクリート合成スラブ』共著、建築技術
『建物が壊れる理由』共訳、建築技術
『詳解 建築不静定構造力学入門』共著、建築技術
『建築を知る―はじめての建築学』共著、鹿島出版会
ほか共著多数

ドームの不思議

コンクリート造・組積造編

二〇〇七年二月二〇日　第一刷発行©

著者　槇谷榮次
発行者　鹿島光一
発行所　鹿島出版会
〒一〇〇-六〇〇六　東京都千代田区霞が関三-二-五　霞が関ビル六階
電話　〇三-五五一〇-五四〇〇　振替　〇〇一六〇-二-一八〇八八三
デザイン　高木達樹
印刷・製本　壮光舎印刷

ISBN978-4-306-09384-3　C3052　Printed in Japan

本書の内容に関するご意見・ご感想は左記までお寄せください。
URL: http://www.kajima-publishing.co.jp　E-mail: info@kajima-publishing.co.jp